歴史《れきし》をひらく人物伝《じんぶつでん》

平清盛《たいらのきよもり》

――あたらしい武士《ぶし》の世《よ》をひらく――

著《ちょ》 国松俊英《くにまつとしひで》

絵《え》 十々夜《ととや》

登場人物紹介《とうじょうじんぶつしょうかい》

❖ 平清盛《たいらのきよもり》

1118（元永元《げんえいがん》）年《ねん》、京都《きょうと》に生《う》まれる。保元《ほうげん》の乱《らん》、平治《へいじ》の乱《らん》をきっかけに政治《せいじ》に進出《しんしゅつ》し、太政大臣《だいじょうだいじん》にまでのぼりつめた。

❖ 時子《ときこ》

清盛《きよもり》の妻《つま》。妹《いもうと》の滋子《しげこ》が後白河上皇《ごしらかわじょうこう》の側室《そくしつ》に、娘《むすめ》の徳子《とくこ》は高倉天皇《たかくらてんのう》の中宮《ちゅうぐう》になるなど、平氏《へいし》と天皇《てんのう》のつながりにかかわった。

❖ 日宋貿易《にっそうぼうえき》

平氏《へいし》は、忠盛《ただもり》のころから宋《そう》との貿易《ぼうえき》をはじめた。清盛《きよもり》もそれを引《ひ》き継《つ》ぎ、熱心《ねっしん》に取《と》り組《く》んだ。

❖ 福原遷都《ふくはらせんと》

63歳《さい》のころ、清盛《きよもり》は都《みやこ》を京都《きょうと》から福原《ふくはら》に移《うつ》そうとしたがうまくいかず、福原遷都《ふくはらせんと》の夢《ゆめ》は170日《にち》で消《き》えた。

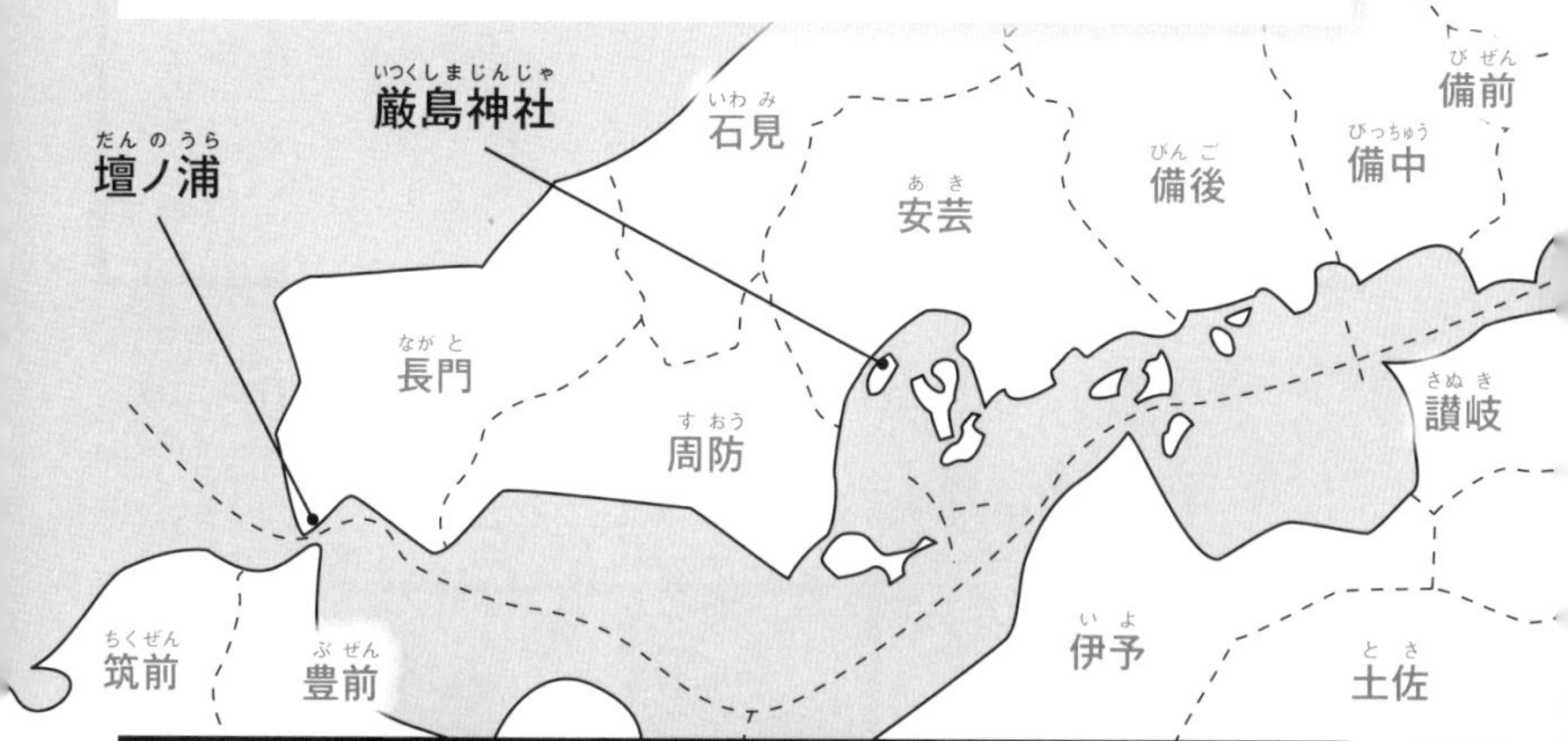

❖ 平忠盛《たいらのただもり》

清盛《きよもり》の父《ちち》。正盛《まさもり》の死後《しご》さらに平氏《へいし》の勢力《せいりょく》を広《ひろ》げ、武士《ぶし》として初《はじ》めて内《うち》の昇殿《しょうでん》を許《ゆる》される。

❖ 平正盛《たいらのまさもり》

清盛《きよもり》の祖父《そふ》。平氏《へいし》の勢力《せいりょく》を地方《ちほう》に広《ひろ》げていった。

❖ 崇徳上皇《すとくじょうこう》

次《つぎ》の天皇《てんのう》の位《くらい》をめぐって後白河天皇《ごしらかわてんのう》と対立《たいりつ》したが保元《ほうげん》の乱《らん》でやぶれる。

対立《たいりつ》（保元《ほうげん》の乱《らん》）

❖ 後白河天皇《ごしらかわてんのう》（のち法皇《ほうおう》）

清盛《きよもり》の出世《しゅっせ》に協力《きょうりょく》したが、清盛《きよもり》の影響力《えいきょうりょく》が大《おお》きくなると勢力《せいりょく》に不安《ふあん》をおぼえ、平氏《へいし》をつぶそうとする。

協力《きょうりょく》のちに対立《たいりつ》

❖ 平重盛《たいらのしげもり》

清盛《きよもり》の子《こ》。穏《おだ》やかで公正《こうせい》な感覚《かんかく》をもち、公卿《くぎょう》たちからも信頼《しんらい》されていた。

❖ 平清盛《たいらのきよもり》

❖ 源義朝《みなもとのよしとも》

保元《ほうげん》の乱《らん》では清盛《きよもり》と協力関係《きょうりょくかんけい》。のちの平治《へいじ》の乱《らん》では敵対関係《てきたいかんけい》となる。

❖ 源頼朝《みなもとのよりとも》

平治《へいじ》の乱《らん》を生《い》きのび、のちに平氏《へいし》を倒《たお》し、鎌倉幕府《かまくらばくふ》を成立《せいりつ》させる。

源氏《げんじ》

対立《たいりつ》（平治《へいじ》の乱《らん》）

協力《きょうりょく》

❖ 信西《しんぜい》

後白河天皇《ごしらかわてんのう》をうしろでささえ、保元《ほうげん》の乱《らん》のあとは政治《せいじ》を強力《きょうりょく》にすすめた。清盛《きよもり》とよい関係《かんけい》を結《むす》ぶ一方《いっぽう》で、源氏《げんじ》からはうとまれた。平治《へいじ》の乱《らん》で首《くび》をはねられる。

平氏《へいし》

もくじ

1章《しょう》 ❖ 幼名《ようめい》は平太《へいた》

平安時代《へいあんじだい》のおわり、一一一八（元永元《げんえいがん》）年《ねん》のことである。

京《きょう》の都《みやこ》、六波羅《ろくはら》の平氏《へいし》の館《やかた》に、元気《げんき》のいい赤《あか》ん坊《ぼう》の泣《な》き声《ごえ》がひびいた。

おぎゃー、おぎゃー。

「お生《う》まれになりました。まるまると太《ふと》った男《おとこ》のお子《こ》さまでございます」

産室《さんしつ》からの知《し》らせを受《う》けて、りっぱなひげの武士《ぶし》が立《た》ちあがった。

「そうか、ぶじに生《う》まれたか。それはめでたい」

うれしそうな顔《かお》でうなずいているのは、平氏《へいし》の棟梁《とうりょう》（一族《いちぞく》の中心《ちゅうしん》となる人《ひと》）であり、赤《あか》ん坊《ぼう》の父親《ちちおや》になる平忠盛《たいらのただもり》だった。生《う》まれたのは忠盛《ただもり》の子《こ》で、幼名《ようめい》は平太《へいた》、のちの清盛《きよもり》だった。

「よかった、よかった。平氏《へいし》のあとつぎが生《う》まれたぞ」

忠盛《ただもり》のとなりで、顔《かお》をくしゃくしゃにして笑《わら》っているのは、赤《あか》ん坊《ぼう》の祖父《そふ》、正盛《まさもり》である。

父親《ちちおや》よりも、孫《まご》の誕生《たんじょう》をよろこんでいるように見《み》えた。

産室《さんしつ》に行《い》って、さいしょに赤《あか》ん坊《ぼう》を抱《だ》きあげたのも、正盛《まさもり》だった。

「うん、男《おとこ》らしいよい顔《かお》つきをしておる。この顔《かお》なら、将来《しょうらい》りっぱな棟梁《とうりょう》となって、平氏《へいし》の名《な》を世《よ》にとどろかせてくれるぞ」

正盛《まさもり》は、うれしくてしかたないようすだった。父親《ちちおや》の忠盛《ただもり》は、そのあとにやってきてこわごわ赤《あか》ん坊《ぼう》を抱《だ》いた。そして、しわくちゃで赤《あか》い顔《かお》をめずらしそうにながめていた。

「赤《あか》ん坊《ぼう》なのに、意外《いがい》と重《おも》いな」

忠盛《ただもり》のことばに、正盛《まさもり》はにこにこしていった。

「骨《ほね》が太《ふと》いから重《おも》いのじゃ、この子《こ》はりっぱな体《からだ》の武士《ぶし》になるぞ」

忠盛《ただもり》は、赤《あか》ん坊《ぼう》の顔《かお》をのぞきこみながら、こんなことをつぶやいていた。

「この子《こ》が、*源氏《げんじ》を打《う》ちまかして、平氏《へいし》の名《な》を上《あ》げてくれるとうれしいのだが……」

産室《さんしつ》を出《で》ても、正盛《まさもり》はひとりではしゃいでいた。

「めでたい、めでたい。今夜《こんや》はみんなで祝《いわ》おうぞ」

部屋《へや》にもどった正盛《まさもり》と忠盛《ただもり》に、館《やかた》の人《ひと》たちがやってきて、お祝《いわ》いのことばをかけた。そしてこの夜《よる》、平氏《へいし》の館《やかた》には、お祝《いわ》いの客《きゃく》がつぎつぎに訪《おとず》れた。夜《よる》がふけても灯《ひ》があかあかとともされ、館《やかた》はにぎわった。

平正盛《たいらのまさもり》・忠盛《ただもり》ら平氏《へいし》の先祖《せんぞ》は、高望王《たかもちおう》といって、桓武天皇《かんむてんのう》のひ孫《まご》だった。それでこの一族《いちぞく》は桓武平氏《かんむへいし》と呼《よ》ばれた。桓武平氏《かんむへいし》は、十世紀後半《せいきこうはん》から十一世紀《せいき》の初《はじ》め、東国《とうごく》で力《ちから》をふるっていた。平氏《へいし》では、*平将門《たいらのまさかど》、平貞盛《たいらのさだもり》、平忠常《たいらのただつね》といった武将《ぶしょう》の名《な》が知《し》られていた。けれど平氏同士《へいしどうし》で争《あらそ》ったりしたため、しだいに勢《いきお》いをなくしていった。そこに、清和天皇《せいわてんのう》の子《し》孫《そん》である源氏《げんじ》が力《ちから》をつけてのしあがってきた。しばらくして東国《とうごく》では、源氏《げんじ》が平氏《へいし》を圧倒《あっとう》するようになったのだ。

東国《とうごく》で力《ちから》を失《うしな》った桓武平氏《かんむへいし》は、西《にし》の地方《ちほう》に移《うつ》り住《す》むようになった。伊勢《いせ》・伊賀《いが》（三重《みえ》県《けん》）のあたりを本拠《ほんきょ》にして、細《ほそ》ぼそと生《い》きのびていたのだ。伊勢地方《いせちほう》に住《す》みついた平氏《へいし》を伊勢平氏《いせへいし》という。伊勢平氏《いせへいし》の先祖《せんぞ》は平維衡《たいらのこれひら》で、維衡《これひら》から四代目《だいめ》が正盛《まさもり》だった。

正盛《まさもり》は、平氏《へいし》の力《ちから》をもういちど勢《いきお》いのあるものにして、都《みやこ》（京都市《きょうとし》）で平氏《へいし》の名《な》をとどろかせたいと考《かんが》えていた。

「そのためには、朝廷《ちょうてい》とつながりをもたなければいけない。白河《しらかわ》＊上皇《じょうこう》に近《ちか》づいて、平氏《へいし》はたよりになると認《みと》めてもらうことが必要《ひつよう》だ」

そう考《かんが》えた正盛《まさもり》は、白河上皇《しらかわじょうこう》に近《ちか》づく機会《きかい》を待《ま》っていた。すると、一〇九六（永長元《えいちょうがん》）年《ねん》、白河上皇《しらかわじょうこう》がとても愛情《あいじょう》をそそいでいた娘《むすめ》、媞子内親王《ていしないしんのう》が二十一歳《さい》の若《わか》さで亡《な》くなった。上皇《じょうこう》はそれが悲《かな》しくて、亡《な》くなった二日後《ふつかご》には出家《しゅっけ》した。そして内親王《ないしんのう》の邸《やしき》を御堂《みどう》としてその冥福《めいふく》を祈《いの》ったのだった。そのことを聞《き》いた正盛《まさもり》は、伊賀国《いがのくに》にあった二十町《ちょう》あまりの土《と》地《ち》を、御堂経営《みどうけいえい》のためにさしだした。上皇《じょうこう》はとてもよろこばれた。

「平正盛《たいらのまさもり》は、たのもしくてすぐれた武士《ぶし》ではないか」

そのことで正盛《まさもり》は、上皇《じょうこう》にしっかり覚《おぼ》えてもらうことになった。

上皇《じょうこう》は、源氏《げんじ》の武士《ぶし》が上皇《じょうこう》をあまり大切《たいせつ》にしないので、不満《ふまん》をもっていた。それで源氏《げんじ》に代《か》わる武士《ぶし》を見《み》つけたいと考《かんが》えていたのである。しばらくして上皇《じょうこう》は正盛《まさもり》を、御所《ごしょ》を警《けい》護《ご》する役目《やくめ》、＊北面《ほくめん》の武士《ぶし》にとり立《た》てた。

正盛《まさもり》は、白河上皇《しらかわじょうこう》にかわいがられていた女性《じょせい》・祇園女御《ぎおんのにょうご》、上皇《じょうこう》のそばで仕《つか》えていた＊公《く》卿《ぎょう》・藤原顕季《ふじわらのあきすえ》と親《した》しくなった。上皇《じょうこう》に願《ねが》いがあると、彼《かれ》らから話《はなし》をしてもらって実現《じつげん》させ

た。こうして正盛《まさもり》は上皇《じょうこう》に近《ちか》づいていき、少《すこ》しずつ力《ちから》をのばしていった。

正盛《まさもり》は、隠岐《おき》（島根県《しまねけん》）、若狭《わかさ》（福《ふく》井県《いけん》）、因幡《いなば》（鳥取県《とっとりけん》）、但馬《たじま》（兵庫《ひょうご》県《けん》）、丹後《たんご》（京都府《きょうとふ》）、備前《びぜん》（岡山県《おかやまけん》）などの受領《じゅりょう》（諸国《しょこく》の長官《ちょうかん》になること）をつぎつぎに命《めい》じられた。そのしごとを上手《じょうず》にやって資産《しさん》をつくった。

彼《かれ》は各地《かくち》の受領《ずりょう》をつとめているあいだに、その地方《ちほう》の武士《ぶし》と、主従《しゅじゅう》の関係《かんけい》をしっかりつくった。平氏《へいし》の勢力《せいりょく》を地《ち》方《ほう》にも広《ひろ》げていったのだ。

そのころ源義家《みなもとのよしいえ》の次男《じなん》、義親《よしちか》が中国《ちゅうごく》地方《ちほう》の出雲国《いずものくに》（島根県《しまねけん》）で役人《やくにん》を襲《おそ》って殺《ころ》した。その後《ご》も出雲《いずも》で悪《わる》いことばかりしていた。義親《よしちか》は武勇《ぶゆう》にすぐれていて、源氏《げんじ》のあとを継《つ》ぐ者《もの》と思《おも》われていた。ところが、すぐに暴《あば》れたり人《ひと》に危害《きがい》を加《くわ》えたりするところがあった。受領《ずりょう》として赴任《ふにん》した対馬国《つしまのくに》(長崎県《ながさきけん》)でも、人《ひと》を殺《ころ》したり、税金《ぜいきん》をうばったりした。そうした悪行《あくぎょう》の結果《けっか》、隠岐国《おきのくに》(島根県《しまねけん》)に流罪《るざい》になった。隠岐《おき》に行《い》くとちゅう、出雲国《いずものくに》でまた役人《やくにん》を殺《ころ》す事件《じけん》を起《お》こしたのだ。

白河上皇《しらかわじょうこう》は正盛《まさもり》に、出雲《いずも》に行《い》って義親《よしちか》を討《う》てという命令《めいれい》を下《くだ》した。正盛《まさもり》はすぐに出雲《いずも》にむかい、義親《よしちか》とその仲間《なかま》を討《う》ちとった。そのことはすぐに都《みやこ》に知《し》らされ、帰《かえ》ってきた正盛《まさもり》の一行《いっこう》を一目見《ひとめみ》ようと、都大路《みやこおおじ》は人《ひと》であふれた。この活躍《かつやく》で正盛《まさもり》の名《な》は都《みやこ》で広《ひろ》まり、平氏《へいし》の存在《そんざい》はみとめられるようになった。そして正盛《まさもり》は、白河上皇《しらかわじょうこう》の院政《いんせい》＊をささえる武士団《ぶしだん》という位置《いち》をしっかりつかんだのだ。

しかしいくら反乱《はんらん》を平定《へいてい》し、海賊《かいぞく》を討伐《とうばつ》しても、正盛《まさもり》は地位《ちい》の低《ひく》い武士《ぶし》であり、貴族《きぞく》ではない。これまで武士《ぶし》が内《うち》の昇殿《しょうでん》を許《ゆる》されたことはなかったからだ。内《うち》の昇殿《しょうでん》とは、天皇《てんのう》の住《す》んでいる御所《ごしょ》の清涼殿《せいりょうでん》の殿上《でんじょう》の間《ま》にあがることである。身分《みぶん》の高《たか》いほんの一部《いちぶ》の人間《にんげん》にしか許《ゆる》されない。公卿《くぎょう》にも内《うち》の昇殿《しょうでん》を許《ゆる》されない者《もの》が多《おお》くいる。だから、たいへん名誉《めいよ》なことだった。

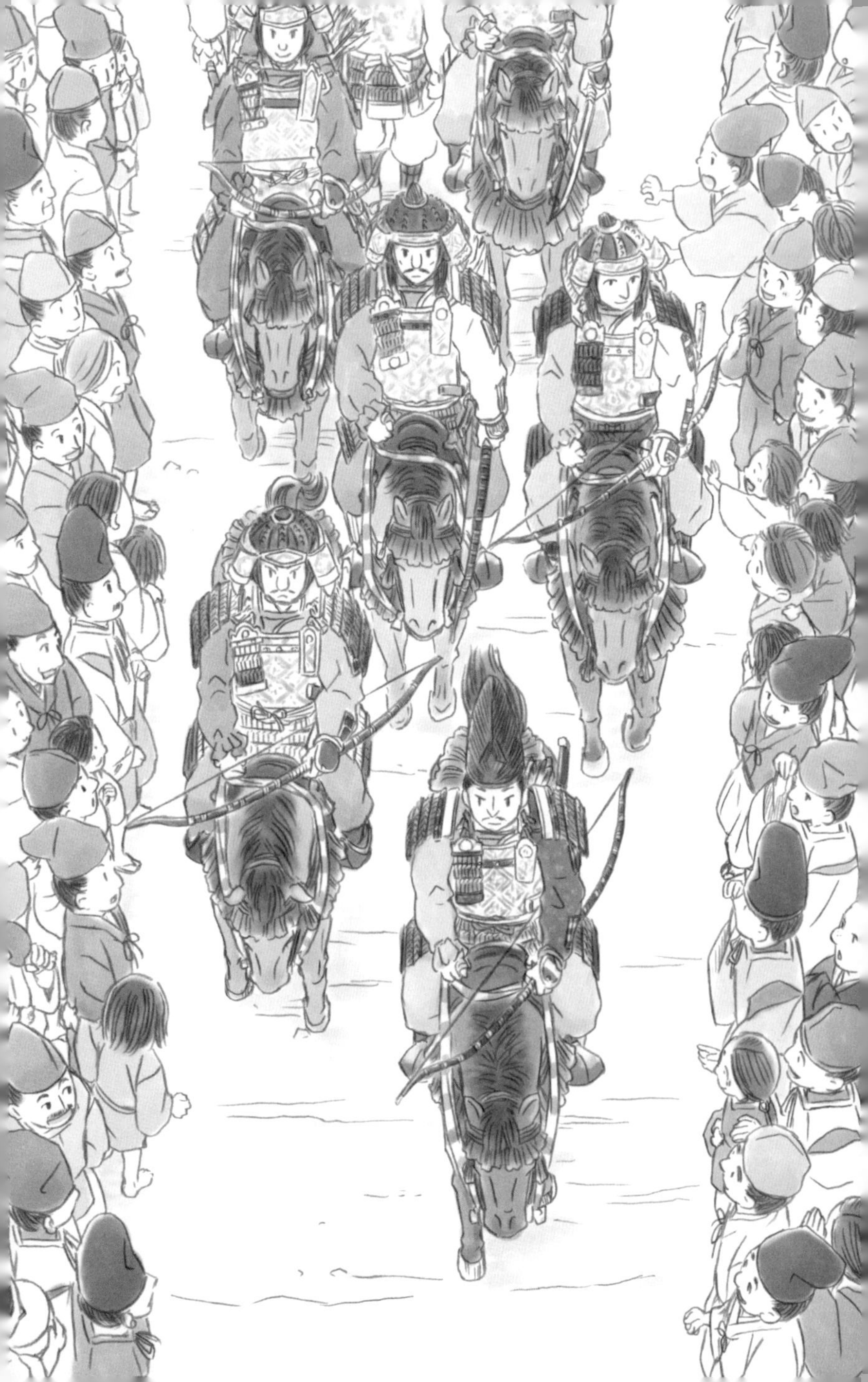

正盛《まさもり》のあとを継《つ》いだのが、長男《ちょうなん》の忠盛《ただもり》だ。正盛《まさもり》は、平太《へいた》が生《う》まれて三年後《ねんご》くらいに亡《な》くなった。

正盛《まさもり》が亡《な》くなったおなじ年《とし》に、平太《へいた》は産《う》んでくれた母《はは》を失《うしな》っている。母《はは》は、白河上皇《しらかわじょうこう》に仕《つか》えていた女性《じょせい》だったが、忠盛《ただもり》がその女性《じょせい》を妻《つま》にめとったのだ。

平太《へいた》のほんとうの父親《ちちおや》は白河上皇《しらかわじょうこう》だといううわさがある。上皇《じょうこう》は日《ひ》ごろかわいがっていた女性《じょせい》を、忠盛《ただもり》にたまわった。その女性《じょせい》はすでに身《み》ごもっていて、忠盛《ただもり》と結婚《けっこん》してから男《おとこ》の子《こ》が生《う》まれたのだ。それが平太《へいた》だ。はっきりした証拠《しょうこ》はなく、ほんとうかどうかはわからない。

忠盛《ただもり》は、その後《ご》、藤原宗兼《ふじわらのむねかね》のむすめをむかえて妻《つま》とした。彼女《かのじょ》は、家盛《いえもり》と頼盛《よりもり》の二人《ふたり》の子《こ》を産《う》んだ。忠盛《ただもり》が亡《な》くなってから、彼女《かのじょ》は出家《しゅっけ》し尼《あま》になった。六波羅《ろくはら》の池殿《いけどの》に住《す》んでいたので、池禅尼《いけのぜんに》とよばれた。

平太《へいた》は母《はは》をすぐに亡《な》くしたので、池禅尼《いけのぜんに》が育《そだ》ての母《はは》となってめんどうを見《み》てくれた。生《う》まれたとき、赤《あか》ん坊《ぼう》なのに重《おも》いと父《ちち》を驚《おどろ》かせた平太《へいた》は、健康《けんこう》な子《こ》どもだった。そのころは、医術《いじゅつ》も進《すす》んでなくて、よい薬《くすり》もなかった。栄養《えいよう》も悪《わる》かったので、三歳《さい》になるまでに亡《な》くなる子《こ》どもは多《おお》かった。四歳《さい》になるまでに何事《なにごと》もなければ、親《おや》はよろこんだものだった。

四歳《さい》をむかえた平太《へいた》は、元気《げんき》に家《いえ》の中《なか》を走《はし》りまわっていた。父《ちち》の忠盛《ただもり》は、目《め》を細《ほそ》めていった。

「これでひとまずは安心《あんしん》じゃ、たくましい男《おとこ》の子《こ》に育《そだ》ってほしいものじゃ」

平氏《へいし》の棟梁《とうりょう》として生《う》まれた平太《へいた》は、父親《ちちおや》の願《ねが》いどおりすくすくと成長《せいちょう》していった。

＊源氏《げんじ》……源《みなもと》の姓《せい》をもつ氏族《しぞく》。平氏《へいし》と権力《けんりょく》を争《あらそ》っている。
＊平将門《たいらのまさかど》……平安時代中《へいあんじだいなか》ごろの武将《ぶしょう》。朝廷《ちょうてい》に反逆《はんぎゃく》し、関東地方《かんとうちほう》を独立国《どくりつこく》にしようとあばれまわった。
＊上皇《じょうこう》……天皇《てんのう》が位《くらい》をゆずってしりぞいたあとの呼《よ》び名《な》を上皇《じょうこう》といい、上皇《じょうこう》が出家《しゅっけ》してからの呼《よ》び名《な》を法皇《ほうおう》という。
＊北面《ほくめん》の武士《ぶし》……法皇《ほうおう》がすむ御所《ごしょ》の北面《ほくめん》にあり、御所《ごしょ》を警護《けいご》した武士《ぶし》のこと。
＊公卿《くぎょう》……国《くに》の政治《せいじ》をになっていて、最高《さいこう》の職位《しょくい》にいる人《ひと》。
＊院政《いんせい》……天皇《てんのう》の位《くらい》をゆずって引退《いんたい》した人《ひと》が、なお実権《じっけん》をにぎって政治《せいじ》をおこなうこと。

2章《しょう》 ❖ 石清水八幡宮《いわしみずはちまんぐう》の舞《ま》い人《びと》

境内《けいだい》のさくらの木《き》から、うす桃色《ももいろ》の花《はな》びらが散《ち》っている。はき清《きよ》められた参道《さんどう》の両側《りょうがわ》には、たくさんの見物人《けんぶつにん》がつめかけていた。そして選《えら》ばれた公達《きんだち》（貴族《きぞく》の息子《むすこ》）たちがやってくるのを、いまかいまかと待《ま》っていた。

ここは、京《きょう》の都《みやこ》から南西《なんせい》に五里《り》ほど行《い》った石清水八幡宮《いわしみずはちまんぐう》だ。この八幡宮《はちまんぐう》は位《くらい》の高《たか》い神社《じんじゃ》として、朝廷《ちょうてい》からたいせつにされ、手厚《てあつ》い保護《ほご》を受《う》けていた。

一一二九（大治《だいじ》四）年《ねん》三月《がつ》十六日《にち》。きょうは石清水八幡宮《いわしみずはちまんぐう》のお祭《まつ》りがおこなわれる日《ひ》で、都《みやこ》からたくさんの貴族《きぞく》があつまってくる。この日《ひ》の呼《よ》びものは、舞《ま》い人《びと》に選《えら》ばれた数人《すうにん》の少年《しょうねん》が奉納《ほうのう》する舞《まい》だった。つめかけた見物人《けんぶつにん》たちは、りりしい公達《きんだち》の姿《すがた》を一目見《ひとめみ》たいと思《おも》っていたのだ。

「おおっ、公達《きんだち》の列《れつ》がきたぞ」

だれかの声《こえ》がすると、人《ひと》びとの列《れつ》が大《おお》きくゆれた。着飾《きかざ》った少年《しょうねん》が馬《うま》に乗《の》って参道《さんどう》をやってきた。公達《きんだち》のうしろには、十数人《すうにん》の従者《じゅうしゃ》がついている。

「なんと美《うつく》しい衣装《いしょう》だ。すばらしい」

「馬《うま》に乗《の》った姿《すがた》、きりりとしてほれぼれするよ」

人《ひと》びとは馬上《ばじょう》の少年《しょうねん》をうっとりとながめていた。

そのときだ。見物人《けんぶつにん》がざわざわとした。ざわめきの波《なみ》が大《おお》きくなってくる。つぎにやってきた少年《しょうねん》は、ふだん見《み》たことのない美《うつく》しい唐錦《からにしき》の装束《しょうぞく》をまとっていたのだ。これまでの少年《しょうねん》よりも、かがやいて見《み》えた。

「どなただ、あれは。見《み》かけたことのない公達《きんだち》だ」

「馬《うま》の手綱《たづな》をもっているのは、*内大臣《ないだいじん》のご家来《けらい》だが。はてあの公達《きんだち》は……」

さっそうと馬《うま》にまたがった貴公子《きこうし》が、だれなのか、人《ひと》びとにはわからなかった。すると見物人《けんぶつにん》のひとりがいった。

「あの公達《きんだち》は、清盛《きよもり》さまではないか」

「そうだ、平氏《へいし》の平忠盛《たいらのただもり》さまの御曹司《おんぞうし》、清盛《きよもり》さまだ」

「正月《しょうがつ》に元服《げんぷく》＊して、清盛《きよもり》さまと名乗《なの》るようになった」

「へーえ、あの方《かた》が平氏《へいし》の御曹司《おんぞうし》か。なんと精悍《せいかん》なお姿《すがた》だ」

「衣装《いしょう》もすばらしいし、馬《うま》に乗《の》った姿《すがた》もりりしいなあ。公達《きんだち》の中《なか》ではだれよりもりっぱだ」

「しかし、きょうのお祭《まつ》りの舞《ま》い人《びと》は、貴族《きぞく》じゃないとなれないのだろう」

「清盛《きよもり》さまは、特別《とくべつ》だそうだ」

人《ひと》びとは、目《め》の前《まえ》を通《とお》っていく少年《しょうねん》をあこがれの目《め》でながめていた。

この年《とし》の正月《しょうがつ》、数《かぞ》え年《どし》＊で十二歳《さい》となった清盛《きよもり》は元服《げんぷく》をすませた。そのとき、従五位下《じゅごいのげ》の官位《かんい》をたまわり、左兵衛佐《さひょうえのすけ》という役職《やくしょく》をさずけられた。

貴族《きぞく》の出身《しゅっしん》ではないのに、十二歳《さい》になったばかりで高《たか》い位《くらい》をたまわり、りっぱな役目《やくめ》にも任《にん》ぜられた。これまでにそんな例《れい》はなかった。人《ひと》びとは、清盛《きよもり》の出世《しゅっせ》の早《はや》さに驚《おどろ》いたのだった。

清盛《きよもり》の出世《しゅっせ》を聞《き》いて、公卿《くぎょう》の多《おお》くはおもしろくないと思《おも》った。地位《ちい》の低《ひく》い武士《ぶし》が貴族《きぞく》の

なかま入《い》りをしようなど、とんでもない。

八幡宮《はちまんぐう》の奉納《ほうのう》の舞《まい》がはじまったが、そこでも清盛《きよもり》の姿《すがた》はいちばん目立《めだ》った。見物人《けんぶつにん》たちは清盛《きよもり》の舞《まい》に心《こころ》をうばわれた。おわると、その優雅《ゆうが》な舞《まい》をみんなでほめそやした。

けれど八幡宮《はちまんぐう》にあつまった貴族《きぞく》たちはちがった。

「だれが清盛《きよもり》を舞《ま》い人《びと》に加《くわ》えたのだ。せっかくのお祭《まつ》りが台無《だいな》しになってしまう」

「そのとおり。下等《かとう》な武士《ぶし》のくせに、公達《きんだち》の中《なか》に入《はい》ろうとは。身《み》のほど知《し》らずではないか」

「しかし上皇《じょうこう》さまは、平忠盛《たいらのただもり》と清盛《きよもり》をとても気《き》に入《い》っておられるからな」

「だれか平氏《へいし》をおさえる者《もの》はいないのか。いまぎゃふんといわせておかないと、ますます図《ず》にのるぞ」

忠盛《ただもり》と清盛《きよもり》が、貴族《きぞく》の一員《いちいん》になったかのようにふるまっている。それを多《おお》くの貴族《きぞく》が、苦々《にがにが》しく思《おも》っていた。

賞賛《しょうさん》のことば、批難《ひなん》のことば、やっかみのことば、人《ひと》びとはいろんなことをいった。そんなことばなど知《し》らないかのように清盛《きよもり》は、お祭《まつ》りがおわると六波羅《ろくはら》に引《ひ》きあげていった。

石清水八幡宮《いわしみずはちまんぐう》のお祭《まつ》りがすんで一週間《しゅうかん》ほどたった日《ひ》のことだ。

「いまから狩《か》りにでかけるぞ」

清盛《きよもり》は三人《にん》の従者《じゅうしゃ》をつれて、右京《うきょう》に広《ひろ》がる原《はら》に出《で》かけた。そこにはキジやウズラといった鳥《とり》のほか、ウサギなどの小動物《しょうどうぶつ》も多《おお》くすんでいた。清盛《きよもり》の弓《ゆみ》の腕《うで》はだいぶ上《あ》がってきて、しとめる獲物《えもの》も多《おお》くなっていた。

右京《うきょう》の原《はら》に入《はい》って進《すす》んでいくと、近《ちか》くの草《くさ》むらから鳥《とり》が飛《と》び立《た》った。

「キジだっ」

オスのキジが、両《りょう》のつばさを力強《ちからづよ》くはばたかせ、草《くさ》むらの上《うえ》を向《む》こうに飛《と》んでいく。緑《みどり》色《いろ》の胸《むね》が光《ひかり》にきらめいた。

馬上《ばじょう》の清盛《きよもり》は、すばやく弓《ゆみ》をかまえ矢《や》をはなった。矢《や》は飛《と》んでいくキジの首《くび》のあたりにしっかりと命中《めいちゅう》した。

「おみごとっ」

「あの松《まつ》の木《き》の向《む》こうに落《お》ちた」

従者《じゅうしゃ》はすぐに、しとめたキジを捕《と》らえるために走《はし》りだした。清盛《きよもり》も従者《じゅうしゃ》を追《お》いかけて、ゆっくりと進《すす》んでいった。

ところが松《まつ》の木《き》のむこうに出《で》ると、清盛《きよもり》がしとめたはずのキジをよその者《もの》がおさえていた。貴族《きぞく》の従者《じゅうしゃ》のようだった。

「そのキジは、清盛《きよもり》さまが射《う》ち落《お》とされたのだが」

清盛《きよもり》の従者《じゅうしゃ》がいうと、むこうはえらそうな口調《くちょう》でいった。

「何《なに》をいうか、これは若《わか》さまがしとめられたものだぞ」

清盛《きよもり》の従者《じゅうしゃ》がキジに手《て》をのばすと、むこうは獲物《えもの》をかくした。

「どうした、何《なに》をいいあいしているのだ」

清盛《きよもり》が従者《じゅうしゃ》に聞《き》いていると、そこに馬《うま》に乗《の》った公達《きんだち》がやってきた。従者《じゅうしゃ》は馬上《ばじょう》の少年《しょうねん》に不満《ふまん》げにつげた。

「若《わか》さまがしとめられた獲物《えもの》を、この者《もの》たちがよこせといっております」

「このキジは、自分《じぶん》たちがしとめたもので、若《わか》さまが射《う》ち落《お》としたものではないといいはるのです」

貴族《きぞく》の少年《しょうねん》が清盛《きよもり》を見《み》た。

「そのほう、このキジをしとめたというのか」

「はい、わたしが射《う》ち落《お》としたものです」

返事《へんじ》をしながら清盛《きよもり》は、相手《あいて》をしっかりと見《み》た。たしか一週間前《しゅうかんまえ》、石清水八幡宮《いわしみずはちまんぐう》にいた公達《きんだち》だった。名前《なまえ》は知《し》らなかった。

「そのほうは、たしか平清盛《たいらのきよもり》どのであったな」

「はい清盛《きよもり》でございます。どうかキジを射《い》ぬいた矢《や》をおしらべください。だれがしとめたものか、それでわかります」

貴族《きぞく》の少年《しょうねん》は従者《じゅうしゃ》から矢《や》をもらうと、ふたつの矢羽《やばね》をくらべた。キジをしとめたのは、清盛《きよもり》の矢《や》だった。

貴族《きぞく》の少年《しょうねん》は、とてもくやしそうな顔《かお》をした。

「さあ、引《ひ》きあげよう」

清盛《きよもり》が従者《じゅうしゃ》に声《こえ》をかけ、馬《うま》を出《だ》そうとしたときだ。貴族《きぞく》の少年《しょうねん》が呼《よ》びとめた。清盛《きよもり》がふりかえると少年《しょうねん》はいった。

「上皇《じょうこう》さまに少《すこ》しばかり気《き》に入《い》られているといって、調子《ちょうし》にのるな。貴族《きぞく》のなかまのような顔《かお》をしていても、武士《ぶし》はしょせん武士《ぶし》だ。御所《ごしょ》の昇殿《しょうでん》も許《ゆる》されないし、われらの番犬《ばんけん》に過《す》ぎないのだからな」

貴族《きぞく》の少年《しょうねん》がいうと、いっしょにいた従者《じゅうしゃ》が笑《わら》い声《ごえ》をあげた。

清盛《きよもり》はくやしかった。すぐに飛《と》びかかってこらしめてやりたいと思《おも》った。けれどその気《き》持《も》ちをぐっとこらえて、手綱《たづな》をひいた。そして清盛《きよもり》は従者《じゅうしゃ》に声《こえ》をかけた。

「さあ、帰《かえ》るぞ。キジはそちらの方《かた》にさしあげろ」

清盛《きよもり》たちは、右京《うきょう》の原《はら》から引《ひ》きあげた。帰《かえ》ってからしらべると、原《はら》で会《あ》った貴族《きぞく》の少年《しょうねん》は、藤原忠実《ふじわらのただざね》の次男《じなん》の頼長《よりなが》とわかった。年齢《ねんれい》は清盛《きよもり》より二歳下《さいした》だった。

そのころ、瀬戸内海《せとないかい》やその沿岸地方《えんがんちほう》で、海賊《かいぞく》たちが行《い》きかう船《ふね》をおそって品物《しなもの》をうばうという事件《じけん》が何度《なんど》も起《お》きていた。海賊《かいぞく》たちは武力《ぶりょく》をもっており、逃《に》げ足《あし》も速《はや》いので、その地方《ちほう》の＊国司《こくし》はおさえることができなかった。

こまった朝廷《ちょうてい》では、清盛《きよもり》の父《ちち》、忠盛《ただもり》に海賊《かいぞく》を征伐《せいばつ》するように命《めい》じた。忠盛《ただもり》は兵《へい》を引《ひ》きつれ、瀬戸内海《せとないかい》にむかった。そして、一ヵ月《げつ》あまりで海賊《かいぞく》を七十人《にん》捕《と》らえ、海《うみ》をしずかにしたのである。

朝廷《ちょうてい》の信頼《しんらい》を受《う》けた忠盛《ただもり》は、伯耆《ほうき》（鳥取《とっとり》県《けん》）、越前《えちぜん》（福井県《ふくいけん》）、備前《びぜん》（岡山県南東部《おかやまけんなんとうぶ》）、美作《みまさか》（岡山県北東部《おかやまけんほくとうぶ》）、播磨《はりま》（兵庫県《ひょうごけん》）などの国《くに》ぐにの受領《ずりょう》を命《めい》ぜられた。これら西《にし》の地《ち》方《ほう》では、山《やま》や海《うみ》でいろんな産物《さんぶつ》がたくさんとれた。それで忠盛《ただもり》は、先代《せんだい》の正盛《まさもり》の時代《じだい》よりも大《おお》きな財産《ざいさん》を築《きず》くことができた。

忠盛《ただもり》は貿易《ぼうえき》にも目《め》をつけ、外国《がいこく》の品《しな》を買《か》ったり、日本《にほん》の品《しな》を売《う》ったりすることをはじめていた。宋《そう》（中国《ちゅうごく》）の貿易船《ぼうえきせん》は、北九州《きたきゅうしゅう》の港《みなと》に入港《にゅうこう》して、荷《に》を降《お》ろし日本《にほん》の品《しな》を積《つ》んで帰《かえ》っていく。忠盛《ただもり》は北九州地方《きたきゅうしゅうちほう》にも進出《しんしゅつ》していた。それで北九州《きたきゅうしゅう》の港《みなと》にやってくる宋《そう》との貿易《ぼうえき》を、ひとりじめにしていたのだ。

西《にし》の地方《ちほう》の国司《こくし》をしながら、忠盛《ただもり》はそれらの地方《ちほう》の武士《ぶし》としっかり結《むす》びついていた。そうやって平氏《へいし》の勢力《せいりょく》を、ずっと西《にし》へ広《ひろ》げていたのだ。

＊内大臣《ないだいじん》……太政官《だじょうかん》にあって左大臣《さだいじん》・右大臣《うだいじん》につぐ上級職《じょうきゅうしょく》。
＊元服《げんぷく》……男子《だんし》が一人前《いちにんまえ》の大人《おとな》になったことを祝《いわ》う儀式《ぎしき》。
＊数《かぞ》え年《どし》……昔《むかし》の年齢《ねんれい》の数《かぞ》え方《かた》。生《う》まれた年《とし》を一歳《さい》とし、正月《しょうがつ》ごとに一歳年《さいとし》をとる。
＊国司《こくし》……そのころ全国《ぜんこく》には約《やく》六十の国《くに》があった。その国《くに》に中央《ちゅうおう》から派《は》けんされ、行政《ぎょうせい》や財政《ざいせい》などを担当《たんとう》した人《ひと》。

3章《しょう》 ❖ 忠盛《ただもり》をやみ討《う》ちに

一一三二（長承元《ちょうしょうがん》）年《ねん》、清盛《きよもり》は十四歳《さい》になった。身長《しんちょう》ものびて、たくましい少年《しょうねん》に育《そだ》っていた。白河上皇《しらかわじょうこう》は三年前《ねんまえ》に亡《な》くなり、いまは鳥羽上皇《とばじょうこう》の時代《じだい》だった。

その年《とし》、鳥羽上皇《とばじょうこう》は白河《しらかわ》（いまの京都市左京区岡崎徳成町《きょうとしさきょうくおかざきとくせいちょう》）に千体観音堂《せんたいかんのんどう》をつくろうと考《かんが》えた。堂《どう》のまん中《なか》には約《やく》四・八メートルの観音像《かんのんぞう》をすえる。そして左右《さゆう》には五百体《たい》の観《かん》音像《のんぞう》をならべる、という規模《きぼ》の大《おお》きな観音堂《かんのんどう》だった。まん中《なか》にすえる観音像《かんのんぞう》は、藤原顕頼《ふじわらのあきより》らがつくることが決《き》まった。しかし、お堂《どう》、建物《たてもの》をどうするかは決《き》まっていなかった。千体《たい》もの観音像《かんのんぞう》を入《い》れる建物《たてもの》だから、壮大《そうだい》なものになる。建立費《こんりゅうひ》はどれくらいかかるか、見《けん》当《とう》もつかない。だれも「わたしが建《た》てよう」と手《て》をあげるものはいなかった。

その話《はなし》を聞《き》いて、観音堂《かんのんどう》の建立《こんりゅう》を申《もう》し出《で》たのが、清盛《きよもり》の父《ちち》、忠盛《ただもり》だった。国司《こくし》の仕事《しごと》や貿易《ぼうえき》でたくわえたお金《かね》がたくさんある。いまこそ、鳥羽上皇《とばじょうこう》のために役立《やくだ》てようと思《おも》ったのだ。忠盛《ただもり》の申《もう》し出《で》に、上皇《じょうこう》は大《おお》よろこびだった。

すぐに建築《けんちく》の準備《じゅんび》がはじまり、得長寿院《とくちょうじゅいん》とよばれる千体観音堂《せんたいかんのんどう》は、翌年《よくねん》二月《がつ》おわりに完《かん》成《せい》した。落慶式《らっけいしき》は三月《がつ》十三日《にち》におこなわれた。落慶式《らっけいしき》の日《ひ》、上皇《じょうこう》はとてもきげんがよかった。式《しき》のおわりごろ、上皇《じょうこう》は忠盛《ただもり》をよんでいった。

「りっぱな堂舎《どうしゃ》ができたのは、ひとえにそのほうのはたらきによるものじゃ。よって、内《うち》の昇殿《しょうでん》を許《ゆる》す」

まわりにいた貴族《きぞく》たちはざわめいた。

その日《ひ》、清盛《きよもり》は落慶式《らっけいしき》に同行《どうこう》した家来《けらい》からそのことを聞《き》いた。すぐに父《ちち》のところへお祝《いわ》いをいいにいった。

「父上《ちちうえ》、内《うち》の昇殿《しょうでん》のお許《ゆる》しがでましたとのこと、おめでとうございます」

清盛《きよもり》のことばに、忠盛《ただもり》はうれしさをださず、表情《ひょうじょう》を引《ひ》きしめてこたえた。

「うむ、内《うち》の昇殿《しょうでん》を許《ゆる》されたことはめでたいが、気《き》を許《ゆる》してはならん。まだわれらは一歩《いっぽ》をふみだしただけだ」

「はい」

「藤原氏《ふじわらし》の勢《いきお》いはおとろえてきて、天下《てんか》をおさめる力《ちから》がなくなってきている。そのうち、きっと武士《ぶし》の時代《じだい》がくる。しかし、うかれていると足《あし》をすくわれる。これから先《さき》にそなえて、力《ちから》をたくわえるのじゃ」

「わかりました」

「それから、内《うち》の昇殿《しょうでん》が気《き》にいらない貴族《きぞく》たちがたくさんいるようだ。何《なに》をしかけてくる

かわからないから、清盛《きよもり》も十分注意《じゅうぶんちゅうい》するようにな」

忠盛《ただもり》がいったとおりだった。貴族《きぞく》たちは、藤原忠実《ふじわらのただざね》の邸《やしき》にあつまって相談《そうだん》をはじめていた。

「鳥羽上皇《とばじょうこう》さまのお引《ひ》き立《た》てというが、身分《みぶん》の下等《かとう》な武士《ぶし》が昇殿《しょうでん》を許《ゆる》されるとは、とんでもないことだ」

「忠盛《ただもり》のやつ、財力《ざいりょく》にものをいわせて、上皇《じょうこう》さまに取《と》り入《い》ったにちがいない」

「田舎《いなか》ざむらいを、思《おも》いきりこらしめてやろうではないか」

何度《なんど》かあつまるうちに、貴族《きぞく》たちの相談《そうだん》は危険《きけん》なものになっていった。そして、忠盛《ただもり》をやみ討《う》ちする計画《けいかく》になった。

「相手《あいて》は武士《ぶし》だぞ、ほんとうにやみ討《う》ちになんかできるのか」

「大丈夫《だいじょうぶ》だ。武士《ぶし》といっても、殿上《てんじょう》に刀《かたな》をさしてくることはできない。武器《ぶき》をもっていなければ、われらでも討《う》ちとることはできる」

貴族《きぞく》たちは、慎重《しんちょう》に計画《けいかく》をねっていった。やみ討《う》ちをするのは、十一月《がつ》二十三日《にち》の五節《ごせつ》豊明節会《とよあかりのせちえ》の日《ひ》とした。この日《ひ》は古代《こだい》の稲《いね》の収穫祭《しゅうかくさい》の最後《さいご》にあたり、宴会《えんかい》がもよおされる。

貴族《きぞく》たちはその夜《よる》、暗《くら》やみで忠盛《ただもり》を襲《おそ》うことにした。

まず若《わか》い公卿《くぎょう》十人《にん》ほどが忠盛《ただもり》を押《お》さえつけ、口《くち》や鼻《はな》をふさいで呼吸《こきゅう》できないようにする。そして息《いき》の根《ね》をとめてしまおうというのだった。

やみ討《う》ちのうわさは、忠盛《ただもり》の耳《みみ》にも入《はい》った。

「もし貴族《きぞく》にやられてしまったら、平氏《へいし》の祖先《そせん》に申《もう》しわけがない。といっておそれて参列《さんれつ》しなければ、臆病者《おくびょうもの》として笑《わら》われるだろう。さて、どのようにすればよいか」

忠盛《ただもり》が思《おも》いなやんでいるところに、平家貞《たいらのいえさだ》という家来《けらい》がやってきていった。

「わたくしが命《いのち》に代《か》えておまもりいたします。どうか心配《しんぱい》しないでご参列《さんれつ》ください」

家貞《いえさだ》のたのもしいことばに、忠盛《ただもり》は参列《さんれつ》することにした。忠盛自身《ただもりじしん》も、ひとつ考《かんが》えついたことがあった。それを実行《じっこう》するつもりだった。

豊明節会《とよあかりのせちえ》の日《ひ》がきた。家貞《いえさだ》は息子《むすこ》とふたりで、服装《ふくそう》の下《した》に戦《いくさ》でつける腹巻《はらまき》をまき、刀《かたな》をもって御所《ごしょ》にむかった。忠盛《ただもり》を行事《ぎょうじ》がおこなわれる場所《ばしょ》に送《おく》りとどけたあと、ふたりは宴会《えんかい》がおこなわれる近《ちか》くの庭《にわ》にしのびこんだ。そして、なにかあればすぐに飛《と》びだしていって、忠盛《ただもり》を守《まも》る覚悟《かくご》で待機《たいき》していた。

行事《ぎょうじ》がおわり、料理《りょうり》が出《だ》され、お酒《さけ》がふるまわれた。上皇《じょうこう》や天皇《てんのう》は退席《たいせき》されて、宴会《えんかい》となった。忠盛《ただもり》を酔《よ》いつぶそうと貴族《きぞく》たちは、やたらお酒《さけ》をすすめた。けれど忠盛《ただもり》はお酒《さけ》に強《つよ》く、いくら飲《の》んでもしゃんとしていた。

だいぶ宴《うたげ》がすすんだところで、忠盛《ただもり》は手水《ちょうず》（手洗《てあら》い）に行《い》こうと立《た》ちあがった。宴会《えんかい》の席《せき》から縁《えん》に出《で》て歩《ある》いていくと、若《わか》い公卿《くぎょう》たちが数人《すうにん》あとをつけてきた。

「飛《と》びかかろうとしているな」

忠盛《ただもり》は縁《えん》の廊下《ろうか》で立《た》ち止《ど》まり、ふところから用意《ようい》してあった短刀《たんとう》を出《だ》してぬいた。かがり火《び》を受《う》けて、短刀《たんとう》の刃《は》がぎらっと光《ひか》った。

「ようく切《き》れそうな刀《かたな》じゃ」

追《お》いかけてきた公卿《くぎょう》たちは、忠盛《ただもり》の光《ひか》る短刀《たんとう》を見《み》ておじけづいた。みんな青《あお》くなって座《ざ》にもどっていった。

忠盛《ただもり》は、ゆうゆうと用《よう》をすませ、座《ざ》にもどった。座《ざ》では、歌《うた》がうたわれ、踊《おど》りがおこなわれていた。踊《おど》りが盛《も》りあがったとき、きゅうに歌《うた》の調子《ちょうし》が変《か》わった。

酒《さけ》をもる器《うつわ》にさまざまあれど　ややあ
さら（皿《さら》）　さかずき（杯《さかずき》）　はち（鉢《はち》）　へいし（瓶子《へいし》）
瓶子《へいし》は平氏《へいし》　平氏《へいし》は瓶子《へいし》
伊勢《いせ》の瓶子《へいし》はすがめ（眇《すがめ》）なり　伊勢《いせ》の平氏《へいし》はすがめなり

すがめとはやぶにらみのことだ。座《ざ》の貴族《きぞく》たちは、忠盛《ただもり》をからかう歌《うた》を大声《おおごえ》でうたいはじめたのだ。忠盛《ただもり》の目《め》がやぶにらみだったので、貴族《きぞく》たちは歌《うた》にして笑《わら》いものにしたのである。忠盛《ただもり》はくやしくて、くちびるをかんでいた。

そのとき、庭《にわ》でさわぎが起《お》きた。前庭《ぜんてい》にひそんでいたあやしい者《もの》を、警備《けいび》の者《もの》が見《み》つけた。警備《けいび》の者《もの》は大声《おおごえ》でどなりつけた。

「お前《まえ》たちは何者《なにもの》か、こんなところで何《なに》をしているのだ」

家貞親子《いえさだおやこ》は、庭《にわ》のしげみから姿《すがた》をあらわし、堂々《どうどう》と答《こた》えた。

「わたしどもは、備前守平忠盛《びぜんのかみたいらのただもり》さまの家来《けらい》にございます。今夜《こんや》、主人《しゅじん》がやみ討《う》ちにあうと聞《き》いて、主人《しゅじん》の身《み》をまもるためこうしてひかえております。もしなにかあれば飛《と》びだし、主人《しゅじん》の盾《たて》となって果《は》てるつもりでございます」

警備《けいび》の者《もの》は、家貞《いえさだ》の気迫《きはく》に圧《お》されて、もうとがめることはできなかった。

そこに忠盛《ただもり》が出《で》てきて、「わたしは大丈夫《だいじょうぶ》だから、帰《かえ》ってよい」といった。

貴族《きぞく》たちは、家貞《いえさだ》があらわれたこと、忠盛《ただもり》の度胸《どきょう》のよいことに、驚《おどろ》いていた。やみ討《う》ちにすることは無理《むり》だとさとったのだった。

忠盛《ただもり》は宴会《えんかい》の席《せき》をぬけ、係《かかり》の女官《にょかん》にもっていた短刀《たんとう》をあずけた。そしてゆうゆうと御所《ごしょ》をあとにした。

新嘗祭《にいなめさい》がおわると、貴族《きぞく》たちは忠盛《ただもり》のことを鳥羽上皇《とばじょうこう》にうったえた。

「宮中《きゅうちゅう》に出入《でい》りするものは、規則《きそく》をまもらなければいけません。それなのに忠盛《ただもり》は、武装《ぶそう》した家来《けらい》を庭《にわ》にしのばせておきました。そのうえ、本人《ほんにん》は短刀《たんとう》をさして殿上《てんじょう》にあがっていたのです。許《ゆる》しがたいおこないです。すぐに忠盛《ただもり》の官職《かんしょく》を取《と》りあげ、彼《かれ》の任務《にんむ》をやめさせるべきであります」

上皇《じょうこう》は驚《おどろ》かれて、すぐに忠盛《ただもり》をしらべの席《せき》に呼《よ》びだした。貴族《きぞく》たちがひかえている場《ば》で、上皇《じょうこう》は質問《しつもん》された。忠盛《ただもり》は落《お》ちついて答《こた》えた。

「家来《けらい》が殿上《てんじょう》の庭《にわ》にはいりこんでいることは、わたしは知《し》りませんでした。ただ、豊明節会《とよあかりのせちえ》の夜《よる》、殿上《てんじょう》でわたしを襲《おそ》う計画《けいかく》があるとは聞《き》いておりました。家来《けらい》もそのうわさを聞《き》き、わたしをまもるために必死《ひっし》で、殿上《てんじょう》の庭《にわ》にひかえていたのでございましょう。主人《しゅじん》をまもろうとする家来《けらい》に罪《つみ》があるのなら、家来《けらい》をここに呼《よ》びだしますゆえ、どうか思《おも》いどおりにお裁《さば》きください」

忠盛《ただもり》はそこで息《いき》をつき、また続《つづ》けた。

「つぎに短刀《たんとう》をもっていたことですが、その短刀《たんとう》は宮中《きゅうちゅう》をしりぞくときに、係《かかり》の女官《にょかん》にあずけました。短刀《たんとう》をここにもってきて、おしらべになってください」

女官《にょかん》がもってきた短刀《たんとう》をしらべた。外《そと》はうるし塗《ぬ》りの短刀《たんとう》のさやだったが、中身《なかみ》は木刀《ぼくとう》に銀箔《ぎんぱく》をはりつけたものだった。貴族《きぞく》たちは、木刀《ぼくとう》を見《み》て目《め》を丸《まる》くしていた。

鳥羽上皇《とばじょうこう》は、笑《わら》いをこらえながらいわれた。

「この刀《かたな》では、ネズミも切《き》れまい。忠盛《ただもり》の申《もう》し立《た》ては、みんな理《り》にかなっておる。じぶんにふりかかってくる危険《きけん》をふせぐために、木刀《ぼくとう》を用意《ようい》した心《こころ》がまえはりっぱなものである。また、庭《にわ》でひかえていた者《もの》、武士《ぶし》に仕《つか》える者《もの》としては当然《とうぜん》のふるまいである。忠盛《ただもり》には罪《つみ》はないと思《おも》うぞ」
鳥羽上皇《とばじょうこう》は忠盛《ただもり》をとがめなかったばかりか、おほめのことばをたまわった。

4章《しょう》 ❖ 祇園社《ぎおんしゃ》の神輿《みこし》に矢《や》を

貴族《きぞく》のなかま入《い》りをした忠盛《ただもり》に対《たい》し、貴族《きぞく》たちは反感《はんかん》をもっていた。けれどやみ討《う》ちに失敗《しっぱい》して懲《こ》りた。鳥羽上皇《とばじょうこう》が忠盛《ただもり》をとても信頼《しんらい》していることがわかって、もう攻撃《こうげき》をしかけることはなかった。

その後《ご》、都《みやこ》で大《おお》きな火事《かじ》があったり、疫病《えきびょう》がはやったり、地方《ちほう》で飢饉《ききん》が起《お》きたりして、朝廷《ちょうてい》をなやませていた。しかし大《おお》きな戦《いくさ》はなく、朝廷《ちょうてい》の人《ひと》や貴族《きぞく》たちは、平和《へいわ》な生活《せいかつ》を送《おく》っていた。年中行事《ねんじゅうぎょうじ》にかならず参加《さんか》し、毎日《まいにち》のように歌《うた》や踊《おど》りを楽《たの》しみ、宴会《えんかい》を開《ひら》いていた。けれどそのあいだも忠盛《ただもり》や清盛《きよもり》ら武士《ぶし》たちは、剣《けん》や槍《やり》の腕《うで》をみがき、兵《へい》を育《そだ》てていた。

一一三七（保延《ほうえん》三）年《ねん》一月《がつ》、二十歳《さい》の清盛《きよもり》は肥後守《ひごのかみ》に任《にん》ぜられた。

この年《とし》、清盛《きよもり》は右近将監《うこんのしょうげん》・高階基章《たかしなのもとあき》の娘《むすめ》を妻《つま》にむかえた。その妻《つま》は、長男《ちょうなん》の重盛《しげもり》、次男《じなん》の基盛《もともり》を産《う》んだが、すぐに病気《びょうき》で亡《な》くなってしまった。

最初《さいしょ》の妻《つま》が死《し》んで少《すこ》したった一一四五（久安元《きゅうあんがん》）年《ねん》、清盛《きよもり》は平時信《たいらのときのぶ》の娘《むすめ》、時子《ときこ》と結婚《けっこん》した。時子《ときこ》も平氏《へいし》の出身《しゅっしん》だったが、伊勢平氏《いせへいし》とは別《べつ》の血《ち》すじで、堂上平氏《どうじょうへいし》とよばれる貴族《きぞく》の家柄《いえがら》だった。この結婚《けっこん》によって、武家《ぶけ》の平氏《へいし》と貴族《きぞく》の平氏《へいし》が結《むす》びついた。そして、平氏《へいし》はますます栄《さか》えていくことになる。

結婚《けっこん》した翌年《よくねん》、清盛《きよもり》は正四位下《しょうしいのげ》に叙《じょ》せられ、安芸守《あきのかみ》となった。

一一四七（久安《きゅうあん》三）年《ねん》は、清盛《きよもり》の三男《さんなん》、宗《むね》

盛《もり》が生《う》まれた年《とし》だ。その年《とし》の六月《がつ》十五日《にち》は、祇園社《ぎおんしゃ》の祭《まつ》りがおこなわれる日《ひ》だった。清盛《きよもり》はその祭《まつ》りに、一族《いちぞく》の繁栄《はんえい》を祈《いの》って*田楽《でんがく》を奉納《ほうのう》することにしていた。奉納《ほうのう》のために、わざわざ伊賀《いが》から田楽《でんがく》の名手《めいしゅ》を呼《よ》んでいた。

朝《あさ》から暑《あつ》い日《ひ》だった。ぎらぎらと太陽《たいよう》がてりつける。そのころ、田楽《でんがく》はとても人気《にんき》がある芸能《げいのう》で、貴族《きぞく》にも庶民《しょみん》にも流行《りゅうこう》していた。その田楽《でんがく》の名手《めいしゅ》がくるとあって、朝《あさ》から多《おお》くの人《ひと》たちが祇園社《ぎおんしゃ》にあつまっていた。

清盛《きよもり》は館《やかた》で祇園社《ぎおんしゃ》へ行《い》くしたくをしている。先《さき》に準備《じゅんび》のため、家来《けらい》七人《にん》が祇園社《ぎおんしゃ》にやってきた。七人《にん》が西《にし》の楼門《ろうもん》から入《はい》ろうとしたときだ。

「まてえ、この門《もん》をとおるな」

家来《けらい》たちは、祇園社《ぎおんしゃ》の社人《しゃじん》に入《はい》るのを止《と》められた。

「きょうは清盛《きよもり》さまが田楽《でんがく》を奉納《ほうのう》するため、お供《とも》でまいった。なぜとおってはいけないのか」

「ここは、スサノオノミコトの神霊《しんれい》をまつるところである。だれひとり武器《ぶき》をもってとおることはならぬ」

社人《しゃじん》はいばっていった。

「それはおかしいのではありませぬか。われらは、弓矢《ゆみや》と刀《かたな》をもって人《ひと》びとのためにはたらく者《もの》です。スサノオノミコトは、武神《ぶしん》と聞《き》いております。武神《ぶしん》の社《やしろ》に、武器《ぶき》をもって入《はい》ってはならぬとは、納得《なっとく》できませぬ。社人《しゃじん》のあなた方《がた》だって、刀《かたな》をもっているではありませぬか」

祇園社《ぎおんしゃ》は延暦寺《えんりゃくじ》が管轄《かんかつ》していて、社人《しゃじん》は刀《かたな》をもち、薙刀《なぎなた》を立《た》てていた。

「これはな、おぬしらのようなあやしい者《もの》が神域《しんいき》に入《はい》らぬようそなえているのじゃ」

「わたしらは、けっしてあやしい者《もの》ではございません」

清盛《きよもり》の家来《けらい》と社人《しゃじん》たちのいいあいとなった。清盛《きよもり》の家来《けらい》は、けっして刀《かたな》をぬいてはいけないと、戒《いまし》めていた。ところが社人《しゃじん》たちは清盛《きよもり》の家来《けらい》を追《お》いつめ、取《と》りおさえた。そして刀《かたな》をうばって、地面《じめん》になげつけたのだ。さらに社人《しゃじん》たちは、笑《わら》いながらころがった刀《かたな》を足《あし》でけとばした。

「がまんもこれまでだ」

怒《おこ》った家来《けらい》たちは刀《かたな》をひろってぬくと、社人《しゃじん》に斬《き》りつけた。家来《けらい》はみんな刀《かたな》をぬいて、

社人《しゃじん》たちに襲《おそ》いかかった。社人《しゃじん》たちも刀《かたな》で対抗《たいこう》してきたが、武士《ぶし》には勝《か》てない。にげる社《しゃ》人《じん》たちに、家来《けらい》は弓《ゆみ》をとり、矢《や》も射《い》かけた。

家来《けらい》たちは引《ひ》きあげようとして、はっとした。神域《しんいき》で刀《かたな》をぬき、社人《しゃじん》に斬《き》りつけてしまった。矢《や》も放《はな》った。熱《ねつ》がさめると、家来《けらい》たちはすっかり反省《はんせい》した。館《やかた》にはもどらず、そのまま*検非違使庁《けびいしちょう》に出頭《しゅっとう》した。

一方《いっぽう》、祇園社《ぎおんしゃ》の報告《ほうこく》を聞《き》いた比叡山《ひえいざん》の延暦寺《えんりゃくじ》は怒《おこ》った。すぐ朝廷《ちょうてい》に、罪人《ざいにん》を引《ひ》きわたし、清盛親子《きよもりおやこ》を処罰《しょばつ》せよと申《もう》し入《い》れた。それを聞《き》いた清盛《きよもり》はいった。

「本人《ほんにん》たちは、反省《はんせい》してみんな検非違使庁《けびいしちょう》に出頭《しゅっとう》している。罪《つみ》を裁《さば》くのは、検非違使庁《けびいしちょう》と*刑《ぎょう》部省《ぶしょう》にまかせておけばいい。比叡山《ひえいざん》にあれこれいう権限《けんげん》はないぞ」

清盛《きよもり》の態度《たいど》は、ますます延暦寺《えんりゃくじ》を怒《おこ》らせた。全山《ぜんざん》のおもだった僧《そう》があつまり、どのように対抗《たいこう》するかを相談《そうだん》した。そこで強訴《ごうそ》すると決《き》まった。

延暦寺《えんりゃくじ》は平安時代《へいあんじだい》の初《はじ》めに、僧《そう》の最澄《さいちょう》が比叡山《ひえいざん》に建《た》てた寺《てら》である。都《みやこ》をまもる寺《てら》として、朝廷《ちょうてい》や貴族《きぞく》たちの熱心《ねっしん》な信仰《しんこう》をあつめてきた。平安時代中期《へいあんじだいちゅうき》になって、世《よ》の中《なか》が乱《みだ》れてくると、寺《てら》をまもるため、寺《てら》の力《ちから》を人《ひと》びとに誇示《こじ》するため、僧兵《そうへい》をふやして強《つよ》くした。ところが、力《ちから》があまった僧兵《そうへい》は、しばしば守護神《しゅごしん》の日吉神社《ひえじんじゃ》の神輿《みこし》をかついで、都《みやこ》に下《お》りてきた。そして、無理《むり》な要求《ようきゅう》を朝廷《ちょうてい》につきつけたのだ。これを強訴《ごうそ》といった。

貴族《きぞく》たちは、神輿《みこし》をけがすとかならず神仏《しんぶつ》の罰《ばち》があたる、と信《しん》じていた。だから強訴《ごうそ》されることは、とてもおそろしいことだった。そこで朝廷《ちょうてい》は、平氏《へいし》の武士《ぶし》に都《みやこ》の警備《けいび》をまかせ、僧兵《そうへい》の強訴《ごうそ》に対応《たいおう》してもらっていたのである。

ところが今回《こんかい》は、警備《けいび》をたのんでいる平氏《へいし》の武士《ぶし》が騒《さわ》ぎを起《お》こし、延暦寺《えんりゃくじ》の強訴《ごうそ》をまねいた。強訴《ごうそ》にきた僧兵《そうへい》にどのように対応《たいおう》すればよいか。朝廷《ちょうてい》の人《ひと》たちはびくびくしていた。

神輿《みこし》をかついだ僧兵《そうへい》は比叡山《ひえいざん》を下《お》りてきて、都近《みやこちか》くにやってきた。

「神仏《しんぶつ》をおそれぬ平氏《へいし》を許《ゆる》すなー」

「忠盛《ただもり》、清盛親子《きよもりおやこ》は都《みやこ》から追放《ついほう》してしまえー」

都《みやこ》のあちこちに、刑部省《ぎょうぶしょう》の武士《ぶし》たちが出動《しゅつどう》して警備《けいび》している。ところが、僧兵《そうへい》は刑部省《ぎょうぶしょう》の武士《ぶし》たちが押《お》しとどめるのも聞《き》かず、どんどん都《みやこ》のなかに入《はい》りこんできた。そして御所《ごしょ》にむかった。

館《やかた》にいた清盛《きよもり》はその知《し》らせを聞《き》くと、すぐにしたくをととのえた。馬《うま》に飛《と》び乗《の》ると、家《け》来《らい》とともに御所《ごしょ》にむかった。

御所《ごしょ》にきた僧兵《そうへい》は、朱雀門《すざくもん》をまもる武士《ぶし》たちとにらみあっていた。門《もん》のなかまで神輿《みこし》をかつぎ入《い》れようと気勢《きせい》をあげる僧兵《そうへい》を、武士《ぶし》たちが必死《ひっし》で押《お》しとどめていた。これ以上進《いじょうすす》めないと見《み》た僧兵《そうへい》は、門《もん》の前《まえ》に神輿《みこし》をおろしたのだ。

神輿《みこし》はそのままにして、自分《じぶん》たちは引《ひ》きあげようとしている。

「なにをするのか、こんなところに神輿《みこし》をおいて」

「すぐにもち去《さ》れーっ」

とまどう武士《ぶし》たちに、僧兵《そうへい》はうすら笑《わら》いをうかべていった。

「われらの要求《ようきゅう》がとおるまで、神輿《みこし》はここへおく。神輿《みこし》に少《すこ》しでも手《て》をふれようなら、きっと神罰《しんばつ》があたるぞ」

警備《けいび》の武士《ぶし》たちはふるえあがった。僧兵《そうへい》たちが引《ひ》きあげようとしたときだ。

「僧兵《そうへい》ども、まてーっ」

大《おお》きな声《こえ》がひびいた。かけつけた清盛《きよもり》だった。

「この目《め》ざわりな神輿《みこし》を、さっさと片《かた》づけろ」

僧兵《そうへい》のひとりが、薙刀《なぎなた》をふりあげて清盛《きよもり》にこたえた。

「片《かた》づけるものか。朝廷《ちょうてい》がわれらの要求《ようきゅう》を聞《き》きいれるまで、ここへおく」

すると清盛《きよもり》は弓矢《ゆみや》をかまえ、ひょうと矢《や》をはなった。飛《と》んでいった矢《や》は、神輿《みこし》につきささった。僧兵《そうへい》も警備《けいび》の武士《ぶし》も、清盛《きよもり》の家来《けらい》もだれもが驚《おどろ》いた。

「な、なにをする。神輿《みこし》に矢《や》を射《い》かけるとどういうことになるか、知《し》っておるのか。すぐに神罰《しんばつ》が下《くだ》るぞ」

僧兵《そうへい》はわめいた。清盛《きよもり》は冷静《れいせい》に答《こた》える。

「これは神《かみ》さまの神輿《みこし》ではない。人《ひと》を困《こま》らせ、道理《どうり》に合《あ》わない、ただの古《ふる》ぼけた輿《こし》じゃ」

清盛《きよもり》は馬《うま》を走《はし》らせ神輿《みこし》のそばまでいくと、馬上《ばじょう》でむちをふりあげ神輿《みこし》を何度《なんど》もたたいた。

そして、大《おお》きな口《くち》をあけて笑《わら》った。

「わしに神罰《しんばつ》が下《くだ》るなら、すぐに下《くだ》っているはずじゃ。見《み》ろ、わしにはなにも起《お》きていないぞ。さあ、この目《め》ざわりな輿《こし》を片《かた》づけろー」

警備《けいび》の武士《ぶし》たちから、おーっというどよめきが起《お》きた。

「神罰《しんばつ》は下《くだ》っていない。清盛《きよもり》さまは平気《へいき》でおられるぞ」

僧兵《そうへい》はうろたえている。

清盛《きよもり》はもういちど弓《ゆみ》をかまえ、神輿《みこし》にねらいをつけた。牙《きば》をぬかれ、勢《いきお》いをなくした僧《そう》兵《へい》たちは、あわてて神輿《みこし》をかつぐと走《はし》り去《さ》っていった。

迷信《めいしん》はくずれた。延暦寺《えんりゃくじ》の僧兵《そうへい》たちは、神通力《じんつうりき》を失《うしな》ったのだ。

その後《ご》、延暦寺《えんりゃくじ》から朝廷《ちょうてい》に強《つよ》い抗議《こうぎ》がよせられた。そのため御所《ごしょ》では、祇園社《ぎおんしゃ》の騒《さわ》ぎの件《けん》について評議《ひょうぎ》が開《ひら》かれた。摂政《せっしょう》の藤原忠通《ふじわらのただみち》、その弟《おとうと》で内大臣《ないだいじん》の藤原頼長《ふじわらのよりなが》ら十数人《すうにん》の公卿《くぎょう》があつまっていた。

「延暦寺《えんりゃくじ》は、忠盛《ただもり》と清盛《きよもり》を追放《ついほう》しろといってきたが」

「ふたりの追放《ついほう》は当然《とうぜん》でありますなあ」

「しかし、祇園社《ぎおんしゃ》で騒《さわ》ぎを起《お》こした者《もの》たちは、もう役所《やくしょ》に出頭《しゅっとう》しておりますぞ」

貴族《きぞく》たちのことばを聞《き》き、鳥羽上皇《とばじょうこう》が発言《はつげん》された。

「こんどの事件《じけん》をよく聞《き》いてみると、最初《さいしょ》祇園社《ぎおんしゃ》の社人《しゃじん》が清盛《きよもり》の家来《けらい》の刀《かたな》をうばって、地《じ》面《めん》になげつけた。さらに社人《しゃじん》たちは、その刀《かたな》を足《あし》でけとばした。そこから争《あらそ》いがはじまった。社人《しゃじん》がけんかを売《う》ったから、清盛《きよもり》の家来《けらい》は対抗《たいこう》したといえる。家来《けらい》たちはすぐに罪《つみ》を認《みと》め、検非違使庁《けびいしちょう》に出頭《しゅっとう》しておる。したがって朕《ちん》は、忠盛《ただもり》と清盛《きよもり》には罪《つみ》がないと思《おも》う」

ほとんどの公卿《くぎょう》たちは、上皇《じょうこう》の意見《いけん》に賛成《さんせい》した。しかし内大臣《ないだいじん》の藤原頼長《ふじわらのよりなが》はきびしい意《い》見《けん》をいった。

「争《あらそ》いの原因《げんいん》は上皇《じょうこう》さまのいわれたとおりでありますが、清盛《きよもり》の家来《けらい》が社人《しゃじん》を刀《かたな》で斬《き》りつけ、矢《や》まで放《はな》ちました。祇園社《ぎおんしゃ》の神域《しんいき》で刀《かたな》をふりまわしたり、弓《ゆみ》を引《ひ》いたことは大《おお》きな罪《つみ》であります。忠盛《ただもり》と清盛《きよもり》の罪《つみ》は、島流《しまなが》しにあたりましょう」

鳥羽上皇《とばじょうこう》は、ふたりは無罪《むざい》であるといわれ、その日《ひ》の評議《ひょうぎ》はまとまらなかった。

さらにつぎの日評議《ひひょうぎ》が開《ひら》かれた。頼長《よりなが》が強《つよ》く有罪《ゆうざい》を主張《しゅちょう》したので、上皇《じょうこう》は摂政《せっしょう》の藤原忠《ふじわらのただ》通《みち》と相談《そうだん》した。その結果《けっか》、無罪《むざい》ではなくなり、罰金刑《ばっきんけい》となった。贖銅《しょくどう》三十斤《きん》の刑《けい》となったのだ。それは、十八キログラムの銅《どう》を朝廷《ちょうてい》におさめるという罰《ばつ》だった。鳥羽上皇《とばじょうこう》がふたりをかばう気持《きも》ちが、この軽《かる》い刑《けい》となった。

鳥羽上皇《とばじょうこう》が清盛《きよもり》たちをかばったのは、考《かんが》えがあったからだ。平氏《へいし》の武力《ぶりょく》をうしろだてにして、自分《じぶん》の政治力《せいじりょく》を強《つよ》めたいのだ。平氏《へいし》はこのように鳥羽上皇《とばじょうこう》としっかり結《むす》びつき、都《みやこ》で勢《いきお》いをましていった。

＊田楽《でんがく》……田《た》の神《かみ》をまつるために、笛《ふえ》や鼓《つづみ》などを鳴《な》らしうたい舞《ま》ったもの。平安時代《へいあんじだい》からおこなわれた。

＊検非違使庁《けびいしちょう》……平安時代《へいあんじだい》、都《みやこ》での殺人《さつじん》、強盗《ごうとう》、謀反《むほん》などの犯人《はんにん》を逮捕《たいほ》し、裁判《さいばん》もおこなった役所《やくしょ》。

＊刑部省《ぎょうぶしょう》……訴《うった》えられたことの裁判《さいばん》や罪人《ざいにん》の処罰《しょばつ》などのことをつかさどった役所《やくしょ》。

5章《しょう》 ❖ 保元《ほうげん》の乱《らん》おきる

祇園社《ぎおんしゃ》でのできごとの六年後《ねんご》のこと。

一一五三（仁平三《にんぺい》）年《ねん》一月《がつ》、清盛《きよもり》の父《ちち》、忠盛《ただもり》が病気《びょうき》で亡《な》くなった。五十八歳《さい》だった。忠《ただ》盛《もり》はつつしみ深《ぶか》く、おごりたかぶりがない人《ひと》だった。それで、平氏《へいし》の人間《にんげん》はもちろん、貴《き》族《ぞく》のあいだでも信頼《しんらい》されていた。多《おお》くの人《ひと》びとがその死《し》を惜《お》しんだ。

忠盛《ただもり》が亡《な》くなって、清盛《きよもり》は平氏《へいし》の棟梁《とうりょう》となった。三十六歳《さい》だった。忠盛《ただもり》が築《きず》いてきた大《おお》きな兵力《へいりょく》も、ばく大《だい》な財産《ざいさん》もみんな清盛《きよもり》がうけついだ。そして平氏《へいし》一門《いちもん》をひきいていく大《おお》きな役目《やくめ》と責任《せきにん》が、清盛《きよもり》の肩《かた》にかかってきた。

棟梁《とうりょう》となった清盛《きよもり》が最初《さいしょ》に出会《であ》った大《おお》きなできごとは、保元《ほうげん》の乱《らん》だった。保元《ほうげん》の乱《らん》は、天皇家《てんのうけ》の勢力争《せいりょくあらそ》いからはじまった。

一一五五（久寿二《きゅうじゅ》）年《ねん》、近衛天皇《このえてんのう》が十七歳《さい》で亡《な》くなった。崇徳上皇《すとくじょうこう》は自分《じぶん》の皇子《おうじ》を天皇《てんのう》の位《くらい》につけ、上皇《じょうこう》として院政《いんせい》をおこないたいと考《かんが》えていた。近衛天皇《このえてんのう》が亡《な》くなって、その機会《きかい》がやってきたとよろこんでいた。

ところが鳥羽法皇《とばほうおう》は、崇徳上皇《すとくじょうこう》の弟《おとうと》で二十九歳《さい》になる雅仁親王《まさひとしんのう》を天皇《てんのう》の位《くらい》（後白河天皇《ごしらかわてんのう》）につけた。さらに、雅仁親王《まさひとしんのう》の皇子《おうじ》である守仁親王《もりひとしんのう》を皇太子《こうたいし》にしたのである。そうやれば鳥羽法皇《とばほうおう》は、思《おも》いどおりの院政《いんせい》がおこなえるからだった。

崇徳上皇《すとくじょうこう》はそれまでの長《なが》いあいだ、父《ちち》、鳥羽法皇《とばほうおう》の勝手《かって》なやり方《かた》に耐《た》えてきた。しかし、もう我慢《がまん》ができない。左大臣《さだいじん》・藤原頼長《ふじわらのよりなが》の協力《きょうりょく》もあって、鳥羽院政《とばいんせい》を倒《たお》してしまおうと考《かんが》えた。

崇徳上皇《すとくじょうこう》の元《もと》には、藤原頼長《ふじわらのよりなが》はじめ、源為義《みなもとのためよし》、為義《ためよし》の子《こ》どもの頼賢《よりかた》、頼仲《よりなか》、為朝《ためとも》、平忠正《たいらのただまさ》（清盛《きよもり》の叔父《おじ》）、平家弘《たいらのいえひろ》・頼弘《よりひろ》父子《おやこ》などの武将《ぶしょう》があつまってきた。ざっと一千騎《き》をこえる軍勢《ぐんぜい》である。どの武将《ぶしょう》も、以前《いぜん》から崇徳上皇《すとくじょうこう》に同情《どうじょう》していた。戦《いくさ》をやって、いっきょに政権《せいけん》をくつがえしてやろうと考《かんが》えていた。

白河《しらかわ》
堀河《ほりかわ》
美福門院得子《びふくもんいんとくこ》
鳥羽《とば》
待賢門院璋子《たいけんもんいんしょうし》
近衛《このえ》
天皇《てんのう》の位《くらい》につける
後白河《ごしらかわ》
（雅仁《まさひと》）
崇徳《すとく》
守仁《もりひと》
重仁《しげひと》

かたや鳥羽法皇《とばほうおう》の元《もと》にあつまったのは、関白《かんぱく》の藤原忠通《ふじわらのただみち》（頼長《よりなが》の兄《あに》）、藤原信西《ふじわらのしんぜい》、源義《みなもとのよし》朝《とも》、平清盛《たいらのきよもり》・重盛《しげもり》父子《おやこ》、源頼政《みなもとのよりまさ》、源光保《みなもとのみつやす》、平信兼《たいらののぶかね》たちで、軍勢《ぐんぜい》は千七百騎《き》だった。

都《みやこ》では、このふたつの勢力《せいりょく》が兵《へい》をあつめて戦《たたか》う準備《じゅんび》をすすめている。いつ戦《たたか》いがはじまってもおかしくない空気《くうき》だった。そんなとき一一五六（保元元《ほうげんがん》）年《ねん》七月二日《がつふつか》、鳥羽法皇《とばほうおう》はきゅうに病《やまい》にたおれ、亡《な》くなった。

その日以来《ひいらい》、鎧兜《よろいかぶと》の武士《ぶし》がつぎつぎと都《みやこ》に入《はい》ってきた。崇徳上皇《すとくじょうこう》の拠点《きょてん》に行《い》く者《もの》、後白《ごしら》河天皇《かわてんのう》のほうにむかう者《もの》、さまざまだった。戦《いくさ》におびえた京《きょう》の人《ひと》たちが荷物《にもつ》をまとめてにげだす姿《すがた》が見《み》られた。

一週間《しゅうかん》たった七月九日《がつここのか》の夜中《よなか》、崇徳上皇方《すとくじょうこうがた》は白河北殿《しらかわきたどの》にあつまって、作戦会議《さくせんかいぎ》をひらいていた。そこに源為義《みなもとのためよし》の長男《ちょうなん》、為朝《ためとも》が、九州《きゅうしゅう》からかけつけた。為朝《ためとも》は崇徳上皇《すとくじょうこう》の前《まえ》に呼《よ》ばれ、あいさつをした。

為朝《ためとも》は身長《しんちょう》が二メートルもある大男《おおおとこ》だ。体《からだ》はがっちりしており、じつにたくましい武将《ぶしょう》だった。九州《きゅうしゅう》で大暴《おおあば》れして、鎮西八郎為朝《ちんぜいはちろうためとも》の名《な》で知《し》られており、弓《ゆみ》の名人《めいじん》でもあった。たのもしい助《すけ》っ人《と》の登場《とうじょう》である。上皇《じょうこう》はきげんがよく、戦《いくさ》をはじめるのになにかよい策《さく》があ

鳥羽法皇《とばほうおう》
後白河天皇《ごしらかわてんのう》
兄弟《きょうだい》
崇徳上皇《すとくじょうこう》
藤原忠通《ふじわらのただみち》
兄弟
藤原頼長《ふじわらのよりなが》
信西《しんぜい》
頼政《よりまさ》
源義朝《みなもとのよしとも》
親子《おやこ》
源為義《みなもとのためよし》
為朝《ためとも》
重盛《しげもり》
平清盛《たいらのきよもり》
甥《おい》
叔父《おじ》
平忠正《たいらのただまさ》

るか、と聞《き》いた。為朝《ためとも》はすぐにこういった。

「勝《か》つためには、夜討《ようう》ちがいちばんよい方法《ほうほう》かと存《ぞん》じます。すぐに敵《てき》の本拠《ほんきょ》である高松殿《たかまつどの》を攻撃《こうげき》するのです。三方《さんぽう》に火《ひ》をかけ、一方《いっぽう》をあけておきます。あけた一方《いっぽう》で待《ま》ちうけていれば、にげだす敵《てき》をかんたんに討《う》ちとることができます。これをやれば、夜明《よあ》けまでにわがほうは勝利《しょうり》できるでしょう」

崇徳方《すとくがた》のリーダーである頼長《よりなが》は苦《にが》い顔《かお》をしていた。田舎《いなか》からきた若僧《わかぞう》がなにをえらそうにいっている。為朝《ためとも》の策《さく》など聞《き》く気《き》はなかった。

「上皇《じょうこう》さま、その意見《いけん》はどうかと思《おも》われます。天皇《てんのう》の位《くらい》をかけた神聖《しんせい》な戦《いくさ》に、夜討《ようう》ちといったひきょうな作戦《さくせん》はもってのほかでございます。わが軍《ぐん》には明日《あす》、南都《なんと》から興福寺《こうふくじ》と東大寺《とうだいじ》の僧兵《そうへい》千騎《き》がかけつけることになっております。僧兵《そうへい》が加《くわ》わり、兵力《へいりょく》がそろってから堂々《どうどう》と出《で》てまいりましょう」

為朝《ためとも》は、夜討《ようう》ちをしかければ勝《か》てると熱心《ねっしん》に話《はな》した。けれど頼長《よりなが》が相手《あいて》にしなかったので、その策《さく》は入《い》れられなかった。

おなじころ、後白河天皇方《ごしらかわてんのうがた》でも貴族《きぞく》や武将《ぶしょう》たちがあつまって、どう戦《たたか》うかの相談《そうだん》をしていた。

後白河方《ごしらかわがた》の総参謀《そうさんぼう》・信西《しんぜい》は源義朝《みなもとのよしとも》に、戦《いくさ》のやり方《かた》について意見《いけん》をもとめた。

「夜《よ》討《う》ちをしかけてはどうかと考《かんが》えておりました。崇徳軍《すとくぐん》には、明朝《みょうちょう》、南都《なんと》の僧兵《そうへい》千騎《き》以《い》上《じょう》が加《くわ》わると聞《き》いております。そうなると、かなり強《つよ》い兵力《へいりょく》になります。僧兵《そうへい》が来《く》る前《まえ》に上皇軍《じょうこうぐん》に攻撃《こうげき》をしかけ、たたきつぶすのが上策《じょうさく》と思《おも》います」

信西《しんぜい》は大《おお》きくうなずいた。

「なるほど、敵《てき》の先手《せんて》をとって勝《か》とうというのであるな。わしも、南都《なんと》の僧兵《そうへい》がやってく

る前《まえ》に勝負《しょうぶ》を決《き》めたほうがよいと思《おも》う。ただちに全軍《ぜんぐん》で白河北殿《しらかわきたどの》にむかおうぞ」

信西《しんぜい》が号令《ごうれい》を発《はっ》した。武将《ぶしょう》たちは各自《かくじ》の陣《じん》にもどり、出撃《しゅつげき》の準備《じゅんび》をととのえた。十一日《にち》の夜明《よあ》け前《まえ》、後白河軍《ごしらかわぐん》は進撃《しんげき》をはじめた。

清盛《きよもり》は三百騎《き》をひきいて二条通《にじょうどお》りを、義朝《よしとも》のひきいる二百騎《き》は大炊御門大路《おおいのみかどおおじ》を、足利義康《あしかがよしやす》の百騎《き》は近衛大路《このえおおじ》から白河北殿《しらかわきたどの》にむかった。

崇徳軍《すとくぐん》は、気《き》がつくと御殿《ごてん》のまわりを敵《てき》の兵《へい》にびっしり取《と》り囲《かこ》まれていた。御殿《ごてん》のなかでは大騒《おおさわ》ぎになった。むこうの門《もん》でときの声《こえ》があがり、矢《や》がとびかう。戦《いくさ》がはじまった。

大炊御門《おおいのみかど》をやぶろうとした後白河軍《ごしらかわぐん》の前《まえ》に立《た》ちはだかったのは、為朝《ためとも》だった。やぐらの上《うえ》から八尺五寸《はっしゃくごすん》の強《つよ》い弓《ゆみ》をつがえ、すさまじい勢《いきお》いの矢《や》を射《い》かけてくる。為朝《ためとも》が射《い》た矢《や》は、後白河軍《ごしらかわぐん》の武将《ぶしょう》や武士《ぶし》につぎつぎと命中《めいちゅう》した。

大炊御門《おおいのみかど》にやってきた清盛《きよもり》のすぐ近《ちか》くで、家来《けらい》が為朝《ためとも》の矢《や》に射《い》られた。その体《からだ》は清盛軍《きよもりぐん》の軍列《ぐんれつ》にふっとんだ。兵《へい》は、為朝《ためとも》の矢《や》の威力《いりょく》にふるえあがった。

清盛《きよもり》は大炊御門《おおいのみかど》を攻《せ》めるのをやめ、別《べつ》の門《もん》にまわることとした。

つぎに大炊御門《おおいのみかど》にやってきたのは、義朝《よしとも》の軍勢《ぐんぜい》だった。けれど義朝《よしとも》の家来《けらい》たちもつぎつ

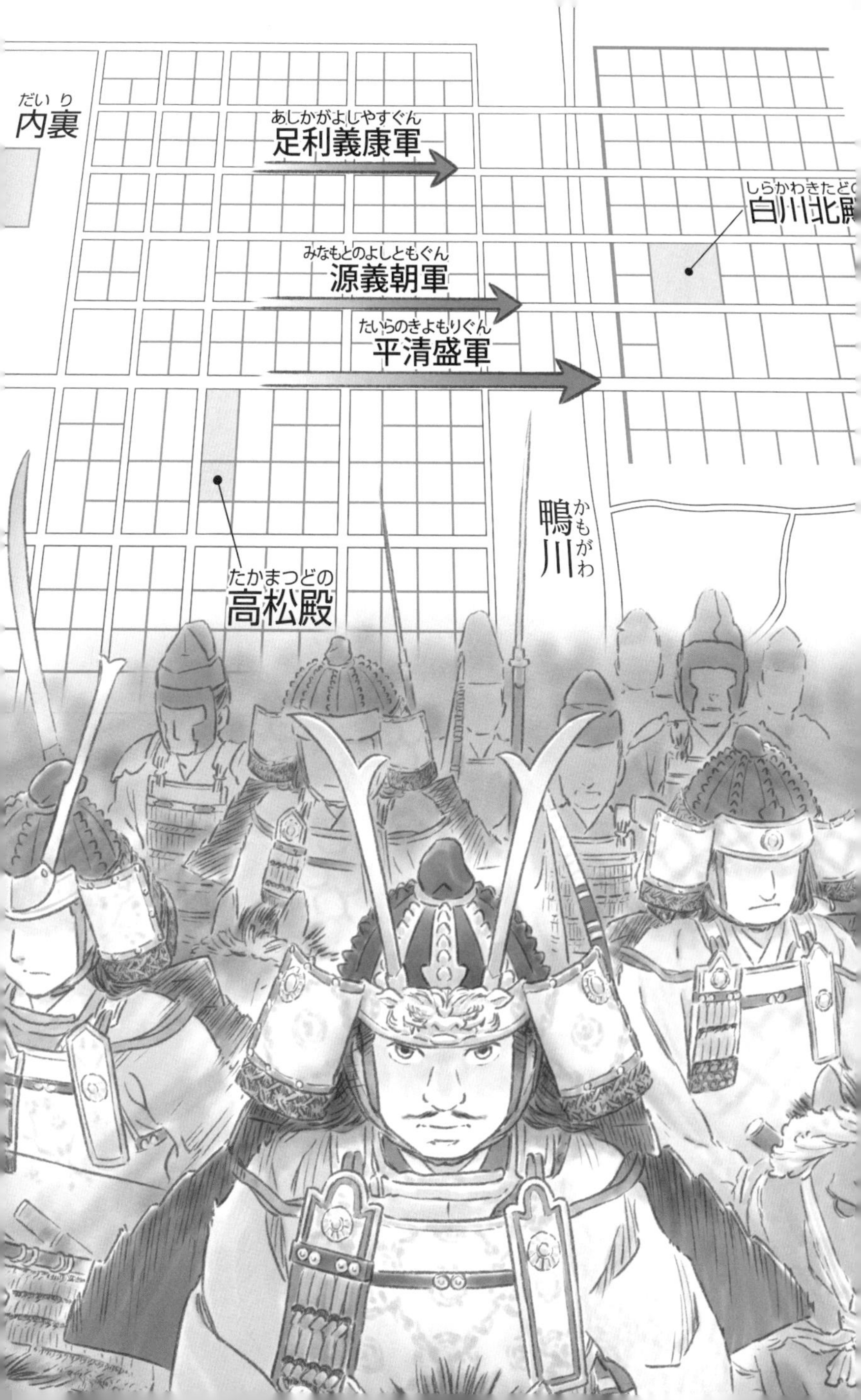
内裏《だいり》
足利義康軍《あしかがよしやすぐん》
白川北殿《しらかわきたどの》
源義朝軍《みなもとのよしともぐん》
平清盛軍《たいらのきよもりぐん》
鴨川《かもがわ》
高松殿《たかまつどの》

ぎに、為朝《ためとも》の矢《や》に討《う》たれた。大炊御門《おおいのみかど》の突破《とっぱ》はできなかった。

為朝《ためとも》の奮戦《ふんせん》とその軍勢《ぐんぜい》のふんばりで、一時《いちじ》は負《ま》けていた崇徳軍《すとくぐん》は、じりじりと押《お》しかえしてきた。義朝《よしとも》はあせりはじめた。

「このままだと、わがほうに不利《ふり》になってくる。もし南都《なんと》の僧兵《そうへい》の援軍《えんぐん》がかけつけてくれば、負《ま》け戦《いくさ》になってしまう。逆転《ぎゃくてん》するのにはあの手《て》を使《つか》うしかないな」

義朝《よしとも》はすぐに司令部《しれいぶ》の信西《しんぜい》に使《つか》いを送《おく》った。援軍《えんぐん》がくる前《まえ》に、白河北殿《しらかわきたどの》に火《ひ》をはなちたいがどうかという伺《うかが》いだった。御殿《ごてん》に火《ひ》をはなてば、風下《かざしも》にある法勝寺《ほっしょうじ》も焼《や》けてしまう。

それで義朝《よしとも》は伺《うかが》いをたてたのだった。後白河天皇《ごしらかわてんのう》の許《ゆる》しが下《お》りて、信西《しんぜい》へやった使《つか》いがもどってきた。

義朝《よしとも》は白河北殿《しらかわきたどの》の西《にし》の建物《たてもの》に火《ひ》をはなった。つよい風《かぜ》にあおられ、黒煙《こくえん》と炎《ほのお》はたちまち御殿《ごてん》ぜんたいにひろがっていく。

崇徳軍《すとくぐん》の武将《ぶしょう》と兵《へい》は、煙《けむり》と炎《ほのお》に追《お》いかけられ、御殿《ごてん》のなかを逃《に》げまどった。煙《けむり》にまかれてたおれる者《もの》もいた。後白河軍《ごしらかわぐん》は、敵《てき》の逃《に》げ口《ぐち》に待《ま》ちかまえていて、走《はし》り出《で》てくる者《もの》につぎつぎと矢《や》をあびせかけた。頼長《よりなが》は後白河軍《ごしらかわぐん》がいなかった東門《ひがしもん》から逃《に》げようとしたが、流《なが》れ矢《や》にあたった。傷《きず》だらけの体《からだ》で北白川《きたしらかわ》の方《ほう》へにげた。

こうして保元《ほうげん》の乱《らん》は、朝《あさ》になるころには勝負《しょうぶ》がついた。後白河天皇《ごしらかわてんのう》の側《がわ》が勝《か》ち、崇徳上皇《すとくじょうこう》の側《がわ》が負《ま》けた。

戦《いくさ》がおわったつぎの日《ひ》、清盛《きよもり》と義朝《よしとも》は御所《ごしょ》で後白河天皇《ごしらかわてんのう》に戦《いくさ》の報告《ほうこく》をした。

「ふたりのはたらき、まことにりっぱであった。恩賞《おんしょう》をとらせる」

後白河天皇《ごしらかわてんのう》がふたりのはたらきをねぎらい、信西《しんぜい》が天皇《てんのう》に代《か》わって恩賞《おんしょう》を発表《はっぴょう》した。

「このたびの戦《いくさ》において、先陣《せんじん》をつとめ、めざましいはたらきのあった安芸守《あきのかみ》・平清盛殿《たいらのきよもりどの》にたいして、播磨守《はりまのかみ》を任《にん》ずる」

清盛《きよもり》は、ありがたくお受《う》けするといい、おごそかに頭《あたま》を下《さ》げた。

つぎに源義朝《みなもとのよしとも》にたいして、下野守《しもつけのかみ》はそのままでさらに右馬権頭《うまのごんのかみ》を任《にん》ずるとの発表《はっぴょう》があった。その発表《はっぴょう》に対《たい》し、義朝《よしとも》が不満《ふまん》をのべた。

「このたびの戦《いくさ》では全軍《ぜんぐん》の指揮《しき》をとり、いちばんはたらいたと思《おも》います。親兄弟《おやきょうだい》も敵《てき》にまわして戦《たたか》いました。それなのに、ただいまの恩賞《おんしょう》は清盛《きよもり》どのと比《くら》べて、少《すこ》し軽《かる》いのではありませんでしょうか」

総大将《そうだいしょう》は義朝《よしとも》だったし、為朝《ためとも》の軍勢《ぐんぜい》と果敢《かかん》に戦《たたか》った。そして御殿《ごてん》に火《ひ》をかけて勝利《しょうり》を決《き》めたのも義朝《よしとも》だった。恩賞《おんしょう》に不満《ふまん》をのべたのはもっともだった。

信西《しんぜい》と天皇《てんのう》はすぐに相談《そうだん》した。義朝《よしとも》は、階級《かいきゅう》を上《あ》げて左馬頭《さまのかみ》に任《にん》ずることになった。義朝《よしとも》は受《う》けたが、うれしい顔《かお》はしていなかった。

翌日《よくじつ》から、崇徳《すとく》軍《ぐん》の首謀者《しゅぼうしゃ》たちの捜索《そうさく》がはじまった。清盛《きよもり》は、崇徳上皇《すとくじょうこう》、藤原頼長《ふじわらのよりなが》、源《みなもとの》為義《ためよし》らを探《さが》しだすよう命《めい》じられた。

崇徳上皇《すとくじょうこう》は為義《ためよし》に護衛《ごえい》されて、近江《おうみ》（滋賀県《しがけん》）の園城寺《おんじょうじ》のほうへにげたという情報《じょうほう》が知《し》らされた。清盛《きよもり》はすぐに近江《おうみ》にむかい、園城寺《おんじょうじ》とそのまわりをさがしたが、見《み》つけることはできなかった。ところが翌日《よくじつ》、崇徳上皇《すとくじょうこう》は仁和寺《にんなじ》（京都市右京区《きょうとしうきょうく》）にいることがわかった。すぐに急行《きゅうこう》してつかまえることができた。

頼長《よりなが》は、敗走《はいそう》のときに流《なが》れ矢《や》があたった。その傷《きず》がもとで、にげるとちゅう奈良《なら》の近《ちか》くの木津《きづ》で死《し》んだ。

数日後《すうじつご》、清盛《きよもり》のところに平忠正《たいらのただまさ》があらわれて、命《いのち》を助《たす》けてくれとたのんだ。忠正《ただまさ》は叔父《おじ》だから助《たす》けたい。けれど強《つよ》い気持《きも》ちをもって、叔父《おじ》に対《たい》した。忠正《ただまさ》と息子《むすこ》たち四名《めい》を捕《と》らえて、首《くび》をはねたのである。一族《いちぞく》の平家弘《たいらのいえひろ》・光弘父子《みつひろおやこ》の首《くび》もはねた。

清盛《きよもり》は考《かんが》えた。忠正《ただまさ》や平氏《へいし》の一族《いちぞく》を清盛《きよもり》が死刑《しけい》にすれば、源氏《げんじ》にもきっぱりした処置《しょち》をもとめることができる。

義朝《よしとも》のところに父《ちち》の為義《ためよし》がきて命《いのち》ごいをした。義朝《よしとも》は、朝廷《ちょうてい》に為義《ためよし》を助《たす》けてやってほしいとたのんだ。けれど後白河天皇《ごしらかわてんのう》と信西《しんぜい》は、清盛《きよもり》が一族《いちぞく》にしたように、為義《ためよし》の首《くび》をはねるように命《めい》じた。それで、義朝《よしとも》の父《ちち》、為義《ためよし》と、五人《にん》の弟《おとうと》、頼賢《よりかた》、頼仲《よりなか》、為宗《ためむね》、為成《ためなり》、為仲《ためなか》は処刑《しょけい》された。為朝《ためとも》は、朝廷《ちょうてい》がそのすぐれた弓術《きゅうじゅつ》を惜《お》しみ、伊豆大島《いずおおしま》への流島《るとう》となった。

戦《いくさ》のきっかけをつくった崇徳上皇《すとくじょうこう》は、讃岐《さぬき》に流《なが》された。四度《しど》にもうけられた御所《ごしょ》に住《す》んだが、御所《ごしょ》とは名《な》ばかりで粗末《そまつ》なあばら家《や》だった。崇徳上皇《すとくじょうこう》は、ずっと都《みやこ》にもどりたいと願《ねが》っていたが、ついに果《は》たせなかった。八年後《ねんご》に讃岐《さぬき》で四十六年《ねん》の生涯《しょうがい》をおえた。上皇《じょうこう》の自分《じぶん》に敵対《てきたい》した人《ひと》たちへのうらみはとても強《つよ》かった。崇徳上皇《すとくじょうこう》は怨霊《おんりょう》になって世《よ》に災《わざわ》いをもたらしている、と人《ひと》びとに恐《おそ》れられた。

この戦《いくさ》は、ただ後白河天皇方《ごしらかわてんのうがた》が勝利《しょうり》をおさめただけではない。

保元《ほうげん》の乱《らん》に加《くわ》わった武士《ぶし》は、天皇《てんのう》や上皇《じょうこう》にたのまれて参加《さんか》した。武士《ぶし》は、戦《いくさ》の道具《どうぐ》として使《つか》われたのだ。しかし戦《いくさ》がおわってみると、武士《ぶし》たちは自分《じぶん》たちの武力《ぶりょく》が世《よ》を動《うご》かすことを知《し》った。そして貴族《きぞく》たちは、武士《ぶし》にたよらないとこれからの世《よ》は何事《なにごと》も解決《かいけつ》しない、と思《おも》い知《し》らされた。

保元《ほうげん》の乱《らん》は、武士《ぶし》の世界《せかい》のとびらをひらくきっかけになったのである。

6章《しょう》 ❖ ごうまんな信西《しんぜい》をたおせ

保元《ほうげん》の乱《らん》のあと、後白河天皇《ごしらかわてんのう》をうしろでささえ、政治《せいじ》を強力《きょうりょく》にすすめていたのは藤原信《ふじわらのしん》西《ぜい》だった。

信西《しんぜい》は、元《もと》の名《な》を通憲《みちのり》といった。小《ちい》さいころから学問《がくもん》に励《はげ》み、「古今《ここん》を通《つう》じてならぶものがないほどの物知《ものし》り」といわれるほどになった。けれど、なかなか高《たか》い位《くらい》にのぼれず、出家《しゅっけ》して信西《しんぜい》と名《な》を改《あらた》めた。信西《しんぜい》が頭角《とうかく》をあらわすようになったのは、後白河天皇《ごしらかわてんのう》の乳母《めのと》だった紀伊局《きいのつぼね》を妻《つま》にしてからだ。

その信西《しんぜい》と結《むす》びついたのが、平清盛《たいらのきよもり》だった。正盛《まさもり》と忠盛《ただもり》が残《のこ》した財力《ざいりょく》を使《つか》って信西《しんぜい》に気《き》に入《い》られ、だいじな場面《ばめん》で取《と》り立《た》ててもらっていた。

保元《ほうげん》の乱《らん》のときも、清盛《きよもり》は御所《ごしょ》の警備役《けいびやく》をするはずだったのに、白河北殿《しらかわきたどの》の攻撃《こうげき》の役目《やくめ》をあたえられた。そして乱《らん》ののち、恩賞《おんしょう》をもらった。清盛《きよもり》の白河北殿攻撃《しらかわきたどのこうげき》は、信西《しんぜい》が強《つよ》く主張《しゅちょう》したからだ。いつも信西《しんぜい》に引《ひ》き立《た》ててもらっていた。

保元《ほうげん》の乱《らん》のあとで、源義朝《みなもとのよしとも》は信西《しんぜい》と親《した》しくなって、たいせつな場面《ばめん》で優遇《ゆうぐう》してもらおうと考《かんが》えた。そして信西《しんぜい》の息子《むすこ》、定憲《さだのり》を婿《むこ》としてむかえ、親《しん》せき関係《かんけい》になろうとした。ところが信西《しんぜい》から、武士《ぶし》の婿《むこ》にはしないと断《ことわ》られた。といっておきながら信西《しんぜい》は、息子《むすこ》、成範《なりのり》と清盛《きよもり》の娘《むすめ》を結婚《けっこん》させたのである。

「信西《しんぜい》がにくい、清盛《きよもり》のやつもまたにくい」

義朝《よしとも》の憎悪心《ぞうおしん》は、日《ひ》ごとに強《つよ》いものになっていた。

保元《ほうげん》の乱以後《らんいご》、信西《しんぜい》のごうまんな態度《たいど》や、政治《せいじ》のやり方《かた》に不満《ふまん》をもつ貴族《きぞく》はふえていた。けれど信西《しんぜい》は、きらわれようが憎《にく》まれようが平気《へいき》だった。自分《じぶん》に反対《はんたい》する貴族《きぞく》がいたら、ようしゃなく押《お》さえつけ痛《いた》めつけた。

藤原信頼《ふじわらののぶより》は、関白藤原基実《かんぱくふじわらのもとざね》の義兄《ぎけい》で、前《まえ》は後白河天皇《ごしらかわてんのう》にかわいがられ、力《ちから》をふるってきた。二十六歳《さい》で中納言《ちゅうなごん》に出世《しゅっせ》している。けれど保元《ほうげん》の乱以後《らんいご》は信西《しんぜい》にきらわれ、ずっとのぞんでいる＊近衛大将《このえたいしょう》になれないでいた。

「信西《しんぜい》さえいなければ、すぐに近衛大将《このえたいしょう》になれたものを。あんな意地《いじ》の悪《わる》いごうまんなやつはいない。いまに思《おも》い知《し》らせてやるぞ」

信頼《のぶより》は、義朝《よしとも》も信西《しんぜい》を深《ふか》くうらんでいることを知《し》った。ふたりはしだいに近《ちか》づいていき、手《て》を結《むす》ぶようになった。そのふたりに同調《どうちょう》する者《もの》もあらわれた。大納言《だいなごん》の藤原経宗《ふじわらのつねむね》と検非違使別当《けびいしべっとう》の藤原惟方《ふじわらのこれかた》である。経宗《つねむね》と惟方《これかた》は二条天皇《にじょうてんのう》のおそばに仕《つか》えていたが、後白河上皇《ごしらかわじょうこう》がずっと院政《いんせい》をしいているので、天皇《てんのう》のでる幕《まく》はなかった。経宗《つねむね》と惟方《これかた》は、信西《しんぜい》をしりぞかせ、天皇《てんのう》に政治《せいじ》をやってもらいたいと考《かんが》えていた。そうなれば、自分《じぶん》たちの活躍《かつやく》の場《ば》もできる。そこに、越後中将《えちごのちゅうじょう》の藤原成親《ふじわらのなりちか》が加《くわ》わった。

信西《しんぜい》をにくいと思《おも》う貴族《きぞく》と武士《ぶし》の五人《にん》は、よくあつまるようになっていた。信西《しんぜい》と清盛《きよもり》、信頼《のぶより》と義朝《よしとも》たち、ふたつの派《は》の対立《たいりつ》はしだいにはげしくなっていった。そして信頼《のぶより》と義朝《よしとも》派《は》は、信西《しんぜい》を打《う》ちたおすことを考《かんが》えはじめた。打《う》ちたおすといっても信西《しんぜい》には清盛《きよもり》がついている。いまの義朝《よしとも》では、平氏《へいし》の強《つよ》い武力《ぶりょく》と財力《ざいりょく》には勝《か》てなかった。

一一五九（平治元《へいじがん》）年《ねん》十一月《がつ》、経宗《つねむね》や惟方《これかた》ら四人《にん》があつまったとき、成親《なりちか》がいい知《し》らせをもってきた。

「毎年《まいとし》十二月《がつ》、清盛《きよもり》は一族《いちぞく》をつれて熊野《くまの》（三重県《みえけん》）に詣《もう》でます。そして一ヵ月以上《げついじょう》、都《みやこ》を留守《るす》にすると聞《き》きました。今年《ことし》も出《で》かけると決《き》まっているそうです」

「平氏《へいし》の武将《ぶしょう》たちがほとんど都《みやこ》からいなくなって、信西《しんぜい》だけが残《のこ》るのですな」

四人《にん》の目《め》がかがやいた。

「これはチャンスですぞ。平氏《へいし》が留守《るす》のあいだに信西《しんぜい》を襲《おそ》って、都《みやこ》をこちらで押《お》さえてしまうのです」

「清盛《きよもり》たちが＊熊野詣《くまのもう》でに出《で》かけるはっきりした日取《ひど》りをしらべましょう」

「このことはだれにも洩《も》らしてはいけない。秘密《ひみつ》のうちにことを運《はこ》びましょう」

しらべると、清盛一行《きよもりいっこう》は十二月四日《がつよっか》に都《みやこ》を出《で》ることがわかった。そして、義朝《よしとも》は、源頼《みなもとのより》政《まさ》、光保《みつやす》、光基《みつもと》、季実《すえざね》ら源氏《げんじ》の武将《ぶしょう》たちに、政権《せいけん》をうばうための協力《きょうりょく》をもとめた。みんな立《た》ちあがることに同意《どうい》をした。

「よし、これで準備《じゅんび》はできたぞ。あとは実行《じっこう》あるのみだ」

十二月九日《がつここのか》の夜《よる》、信西《しんぜい》を襲《おそ》って捕《と》らえる。同時《どうじ》に二条天皇《にじょうてんのう》と後白河上皇《ごしらかわじょうこう》を、ちがった二

信頼《のぶより》
成親《なりちか》
義朝《よしとも》
経宗《つねむね》
惟方《これかた》

つの場所《ばしょ》に入《はい》ってもらう。そして、いっきょに新政府《しんせいふ》をつくるという計画《けいかく》だった。

決行《けっこう》の日《ひ》がきた。その夜《よる》、信頼《のぶより》や義朝《よしとも》たちは午前零時《ごぜんれいじ》に行動《こうどう》を起《お》こした。都大路《みやこおおじ》をたくさんの武装《ぶそう》した騎馬《きば》の武士《ぶし》がかけぬけ、人《ひと》びとは家《いえ》の中《なか》でふるえていた。

三条殿《さんじょうどの》に、義朝《よしとも》や頼政《よりまさ》ら数百騎《すうひゃっき》の兵《へい》が押《お》しよせた。門《もん》をすべて封鎖《ふうさ》すると、信西《しんぜい》を追《お》う兵《へい》と、後白河上皇《ごしらかわじょうこう》を襲《おそ》う兵《へい》にわかれて、行動《こうどう》をはじめた。

信頼《のぶより》がひきいる兵《へい》たちは後白河上皇《ごしらかわじょうこう》を車《くるま》にのせ、大内裏《だいだいり》に連《つ》れていって*一本御書所《いっぽんごしょどころ》に監《かん》禁《きん》した。義朝《よしとも》と源氏《げんじ》の武士《ぶし》たちは、信西《しんぜい》を捕《と》らえようとさがした。見《み》つからない。御所《ごしょ》の内《うち》のどこかに潜《ひそ》んでいるにちがいない、と床下《ゆかした》から屋根裏《やねうら》までさがした。しかし信西《しんぜい》の姿《すがた》はなかった。姉小路西洞院《あねこうじにしのとういん》の館《やかた》にもいなかった。この日《ひ》の計画《けいかく》をあらかじめ知《し》って、どこかに逃亡《とうぼう》したらしかった。

二条天皇《にじょうてんのう》は武士《ぶし》たちが寝所《しんじょ》からつれだし、黒戸御所《くろとのごしょ》に押《お》しこめた。

こうして、信頼《のぶより》や義朝《よしとも》らは政権《せいけん》をうばうことに成功《せいこう》した。

翌日《よくじつ》、内裏《だいり》では任官式《にんかんしき》がおこなわれた。信頼《のぶより》は、右大臣《うだいじん》となり近衛大将《このえたいしょう》をかねることになった。義朝《よしとも》は従四位下播磨守《じゅしいのげはりまのかみ》をさずけられ、前《まえ》の官職《かんしょく》とあわせて播磨左馬頭《はりまのさまのかみ》となった。

頼政《よりまさ》は伊豆守《いずのかみ》、光基《みつもと》は高知守《たかちのかみ》に任《にん》ぜられた。藤原経宗《ふじわらのつねむね》、惟方《これかた》もそれぞれ上《うえ》の位《くらい》をもらった。義朝《よしとも》の三男《さんなん》で十三歳《さい》の頼朝《よりとも》は、従五位上右兵衛佐《じゅごいのじょううひょうえのすけ》をあたえられた。

午後《ごご》になって、義朝《よしとも》の長男《ちょうなん》、源義平《みなもとのよしひら》が鎌倉《かまくら》からやってきて、御所《ごしょ》に姿《すがた》をあらわした。十九歳《さい》の源義平《みなもとのよしひら》が強《つよ》く勇《いさ》ましいのは、都《みやこ》にまで聞《き》こえていた。その義平《よしひら》が応援《おうえん》にかけつけたという知《し》らせに、席《せき》はどよめいた。

義平《よしひら》がさっそうとあらわれた。鹿《しか》の角《つの》を立《た》てた甲《かぶと》をかぶり、紅染《べにぞ》めの緞子《どんす》の鎧《よろい》と直垂《ひたたれ》を着《つ》けていた。名刀《めいとう》をはき、弓《ゆみ》をもった姿《すがた》はりりしかった。その姿《すがた》は、前《まえ》にならんでいる貴《き》族《ぞく》たちに、少《すこ》しも負《ま》けていなかった。

信頼《のぶより》は義平《よしひら》に大杯《たいはい》の酒《さけ》をあたえてからいった。

「義平《よしひら》、望《のぞ》みの官位《かんい》があれば申《もう》すがよい。望《のぞ》みのままにとらすぞ」

すると義平《よしひら》はこうこたえた。

「信西《しんぜい》どのの生死《せいし》はまだわからず、清盛《きよもり》どのは熊野詣《くまのもう》でのとちゅうと聞《き》きました。清盛《きよもり》どのが都《みやこ》にもどれば、どうなるかはわかりませぬ。わたしに軍勢《ぐんぜい》を下《くだ》さい。阿倍野《あべの》で熊野《くまの》から帰《かえ》ってくる平氏《へいし》を待《ま》ち伏《ぶ》せして、戦《いくさ》の準備《じゅんび》のととのわぬ平氏《へいし》をたたきつぶしてしまいま

す。清盛《きよもり》を討《う》てば、勝《か》ちははっきりといたします。任官《にんかん》はそのあとにしてくださいますよう」

義平《よしひら》のことばを聞《き》いて、信頼《のぶより》はうすら笑《わら》いを浮《う》かべた。

「そちは若《わか》いのう。武器《ぶき》をもたず熊野《くまの》にいった清盛《きよもり》は、負《ま》けたのと同《おな》じじゃ。わざわざ阿《あ》倍野《べの》で待《ま》って討《う》つことなどいらぬわ。都《みやこ》に入《い》れて、そこをたたけばよい」

貴族《きぞく》たちもおなじ考《かんが》えで、信頼《のぶより》の意見《いけん》にうなずいた。だれも、義平《よしひら》の作戦《さくせん》を支持《しじ》するものはいなかった。

「信頼《のぶより》さま、平氏《へいし》をあなどってはなりません。清盛《きよもり》の力《ちから》を軽《かる》く見《み》ていると、大変《たいへん》なことになりますぞ」

なおも意見《いけん》をのべようとする義平《よしひら》を、父《ちち》の義朝《よしとも》が止《と》めた。義平《よしひら》はくやしそうな顔《かお》で下《さ》がった。こうして、義平《よしひら》が阿倍野《あべの》で待《ま》ち伏《ぶ》せする作戦《さくせん》は消《き》えた。信頼《のぶより》たちは、清盛《きよもり》に勝《か》つ大《おお》きなチャンスを逃《のが》したのだった。

＊近衛大将《このえたいしょう》……天皇《てんのう》の御所《ごしょ》の警備《けいび》をした近衛府《このえふ》の長官《ちょうかん》。

＊熊野詣《くまのもう》で……紀伊国《きいのくに》（和歌山県《わかやまけん》）の熊野三山《くまのさんざん》に参詣《さんけい》すること。そこには、熊野本宮大社《くまのほんぐうたいしゃ》、熊野速玉大社《くまのはやたまたいしゃ》、熊野那智大社《くまのなちたいしゃ》の熊野三社《くまのさんしゃ》があった。平安後期《へいあんこうき》には白河《しらかわ》・鳥羽上皇《とばじょうこう》など多《おお》くの人《ひと》びとが熊野詣《くまのもう》でをした。往復《おうふく》にたいへんな日数《にっすう》がかかるが、皇族《こうぞく》や貴族《きぞく》にあつく信仰《しんこう》されていた。

＊一本御所所《いっぽんごしょどころ》……大内裏内《だいだいりない》にあった役所《やくしょ》のひとつ。書物《しょもつ》を書《か》き写《うつ》して保管《ほかん》した。

7章《しょう》 ❖ 信頼《のぶより》と義朝《よしとも》を討《う》つ

清盛《きよもり》たちはどうしていたか。清盛《きよもり》は毎年暮《まいとしく》れに平氏一族《へいしいちぞく》をつれて、熊野詣《くまのもう》でをおこなってきた。一族《いちぞく》の繁栄祈願《はんえいきがん》の熊野詣《くまのもう》でである。十二月初《がつはじ》めには京《きょう》を出《で》て、海《うみ》にそって南《みなみ》に下《くだ》って、熊野路《くまのじ》を行《い》く。年末《ねんまつ》に熊野《くまの》に着《つ》き、大晦日《おおみそか》には熊野大社《くまのたいしゃ》の神殿《しんでん》に参籠《さんろう》して新年《しんねん》をむかえるのだった。

一一五九（平治元《へいじがん》）年《ねん》十二月《がつ》十三日《にち》の朝《あさ》。清盛《きよもり》ら一行《いっこう》は、熊野路《くまのじ》の宿《やど》を出発《しゅっぱつ》した。

「お館《やかた》さまー、お館《やかた》さまー」

遠《とお》くから清盛《きよもり》を呼《よ》びながら、全速力《ぜんそくりょく》でかけてくる馬《うま》があった。一行《いっこう》に追《お》いつくと、使者《ししゃ》は馬《うま》から飛《と》び下《お》りた。肩《かた》で大《おお》きく息《いき》をしながら清盛《きよもり》の前《まえ》にきて、都《みやこ》の異変《いへん》を伝《つた》えた。

「去《さ》る九日夜《ここのかよる》、藤原信頼《ふじわらののぶより》さま、源義朝《みなもとのよしとも》らの軍《ぐん》が源氏《げんじ》の武者《むしゃ》たちと三条殿《さんじょうどの》へ押《お》しかけ、御所《ごしょ》をすべて焼《や》きはらってしまいました。信西入道《しんぜいにゅうどう》さまの館《やかた》も焼《や》けました。お館《やかた》さまの不在《ふざい》をねらって、平氏《へいし》を討《う》ちほろぼす計画《けいかく》にございます」

清盛《きよもり》は信《しん》じられないようすで聞《き》いていた。信頼《のぶより》たちにまんまとしてやられた。

「上皇《じょうこう》さまと天皇《てんのう》さまはどうなされた？」

「信頼《のぶより》さまらは、上皇《じょうこう》さま、天皇《てんのう》さまを内裏《だいり》に閉《と》じこめてしまわれたそうでございます」

「六波羅《ろくはら》にのこした母《はは》や妻《つま》、幼《おさな》い子《こ》どもたちはどうなったのだろうか」

「はい、都《みやこ》を発《た》つときは、ご無事《ぶじ》でございました」

使《つか》いの者《もの》は十日《とおか》の朝《あさ》、都《みやこ》を出発《しゅっぱつ》している。だから、その後六波羅《ごろくはら》がどうなったかはわからない、二便《びん》、三便《びん》が知《し》らせてくるだろう。

清盛《きよもり》はおろおろしていた。すると重盛《しげもり》が、これからのことをすぐに協議《きょうぎ》したほうがよいと助言《じょげん》してくれた。清盛《きよもり》たちは宿《やど》にもどって相談《そうだん》をはじめた。

「熊野詣《くまのもう》でどころではありません。すぐに都《みやこ》にもどり、上皇《じょうこう》さまと天皇《てんのう》さまをお救《すく》いしなければなりません」

重盛《しげもり》のことばにみんなうなずいた。清盛《きよもり》は腕《うで》を組《く》み、むずかしい顔《かお》をしている。

「重盛《しげもり》、もどろうという気持《きも》ちはよくわかる。しかし都《みやこ》は武装《ぶそう》した源氏《げんじ》の兵《へい》が占拠《せんきょ》していて、平氏《へいし》の帰《かえ》りを待《ま》ちかまえているのではないか。われらは全員《ぜんいん》が平服《へいふく》で、武器《ぶき》はひとつももっていない。このまま都《みやこ》にもどれるものなのか」

清盛《きよもり》は弱音《よわね》をはいた。そのときだ。

「武器《ぶき》ならございます」

家貞《いえさだ》が大《おお》きな声《こえ》でいった。すぐに家来《けらい》が五十箱《ぱこ》の長櫃《ながびつ》を運《はこ》んできてならべた。ふたを開《あ》けると、五十人分《にんぶん》の鎧《よろい》と弓矢《ゆみや》、母衣《ほろ》が入《はい》っているではないか。

「おおーっ」

どよめきがあがった。

「これはすごいのう、こんなときに五十人分《にんぶん》の武器《ぶき》に会《あ》おうとは」

清盛《きよもり》は感心《かんしん》したようにいった。

「家貞《いえさだ》の心《こころ》がけはりっぱじゃ、武士《ぶし》はこうであらねばならない。しかし五十騎《き》では都《みやこ》の源氏《げんじ》には立《た》ちむかえない。わかるな。いったん西国《さいごく》に落《お》ちのびて、態勢《たいせい》をととのえてから、都《みやこ》へ攻《せ》めのぼるという策《さく》も考《かんが》えられるぞ」

清盛《きよもり》がまた弱気《よわき》なことばをはいた。そこに六波羅《ろくはら》からの二便《びん》、三便《びん》が到着《とうちゃく》した。使者《ししゃ》は、六波羅《ろくはら》の家族《かぞく》たちが都《みやこ》の外《そと》へ脱出《だっしゅつ》したことをつげた。これを聞《き》いて、みなはほっとした顔《かお》をし、やはり京《きょう》にもどろうという意見《いけん》が多《おお》くなった。

そこへさらに、みんなを勇気《ゆうき》づける者《もの》たちがあらわれた。熊野三山《くまのさんざん》の別当《べっとう》・湛快《たんかい》が田辺《たなべ》から二十騎《き》で、地元《じもと》の豪族《ごうぞく》・湯浅宗重《ゆあさむねしげ》が三十騎《き》の兵《へい》ではせ参《さん》じてきた。これで百騎《き》の軍勢《ぐんぜい》ができた。清盛《きよもり》の顔《かお》が明《あか》るくなった。

「父上《ちちうえ》、都《みやこ》にもどりましょう。その道《みち》で、どう源氏《げんじ》に立《た》ちむかうかを考《かんが》えるのです」

重盛《しげもり》は、いまはまっすぐに都《みやこ》にむかうべきだと強《つよ》くいった。

「わかった、帰《かえ》ることにしよう。たった百騎《き》では、帰《かえ》る道《みち》にもどんな危険《きけん》が待《ま》っているかわからない。けれど、なんとしても都《みやこ》にもどり、上皇《じょうこう》さまと天皇《てんのう》さまを助《たす》けるのだ。全員《ぜんいん》、油断《ゆだん》をするでないぞ」

清盛《きよもり》のことばにみんなは大《おお》きくうなずき、都《みやこ》をめざして出発《しゅっぱつ》した。

とちゅう、四便《びん》の早馬《はやうま》が着《つ》いた。その使者《ししゃ》は、源義平《みなもとのよしひら》が三千騎《き》をひきいて阿倍野《あべの》で待《ま》ち伏《ぶ》せていると伝《つた》えた。

伊勢平氏《いせへいし》の国元《くにもと》、伊勢《いせ》に使者《ししゃ》を送《おく》った。ひとりでも多《おお》くの軍勢《ぐんぜい》をととのえて和泉《いずみ》にむかってくれるようたのんだ。伊勢《いせ》からきた援軍《えんぐん》と和泉《いずみ》で落《お》ちあい、阿倍野《あべの》で待《ま》ち伏《ぶ》せしている源氏《げんじ》と戦《たたか》うつもりだった。とちゅうでも清盛《きよもり》は弱気《よわき》になって、西国《さいごく》へまわろうといった。長男《ちょうなん》の重盛《しげもり》と家来《けらい》の家貞《いえさだ》は、清盛《きよもり》を叱《しか》り、励《はげ》ました。

五便《びん》の使者《ししゃ》が来《き》て、信西《しんぜい》が信楽《しがらき》（滋賀県《しがけん》）の山《やま》で見《み》つけられ、首《くび》をはねられたと知《し》らせた。

阿倍野《あべの》が近《ちか》づいてくる。だれも緊張《きんちょう》した。清盛《きよもり》はみんなをあつめていった。

「よいか、敵《てき》と戦《たたか》って勝《か》とうなどと思《おも》うな。敵《てき》をかわし、ただかけぬけよ。そしてひとりでも多《おお》く、六波羅《ろくはら》に帰《かえ》りつくのじゃ。わかったな」

和泉国《いずみのくに》、大鳥神社《おおとりじんじゃ》に近《ちか》づいたときだ。偵察《ていさつ》の兵《へい》がもどってきて、約《やく》三百の兵《へい》が神社《じんじゃ》の森《もり》で待《ま》ち伏《ぶ》せしていると告《つ》げた。三千もいないようだが、清盛《きよもり》のほうより三倍《ばい》の兵《へい》だ。清盛《きよもり》らは足音《あしおと》をしのばせ神社《じんじゃ》に近《ちか》づいていった。すると、数騎《すうき》の兵《へい》がかけてきて名乗《なの》った。

「清盛《きよもり》どのー、われらは伊勢国《いせのくに》の伊藤《いとう》、加藤《かとう》のものでござる。われら三百騎《き》を、一行《いっこう》の端《はし》

に加《くわ》えてくださいますよう」

待《ま》っていたのは、敵《てき》の兵《へい》ではなく味方《みかた》だった。阿倍野《あべの》を前《まえ》に、うれしい味方《みかた》の出現《しゅつげん》だった。清盛《きよもり》らはよろこんだ。大鳥神社《おおとりじんじゃ》の森《もり》で夜《よる》を待《ま》ち、暗《くら》くなってから出発《しゅっぱつ》した。しかし阿《あ》倍野《べの》には、待《ま》ち伏《ぶ》せの兵《へい》はひとりもいなかった。

「これは天《てん》のたすけだ。源氏《げんじ》がいないのなら、一気《いっき》に六波羅《ろくはら》にむかおう」

清盛《きよもり》たちは一刻《いっこく》でも早《はや》く都《みやこ》に着《つ》けるよう急《いそ》いだ。山崎《やまざき》（京都府《きょうとふ》）には日《ひ》が沈《しず》まないうちに着《つ》いた。そこで夜《よる》になるのを待《ま》ち、暗《くら》くなってから京《きょう》の町《まち》に入《はい》った。源氏《げんじ》の軍《ぐん》とは遭遇《そうぐう》しなかった。

十二月《がつ》十六日《にち》、一行《いっこう》は伏見《ふしみ》から鴨川《かもがわ》づたいに進《すす》み、深夜《しんや》になってやっと六波羅《ろくはら》にたどり着《つ》いた。留守《るす》のものたちは、一行《いっこう》がもどるという知《し》らせを受《う》け、六波羅《ろくはら》に帰《かえ》っていた。一《いっ》行《こう》の無事《ぶじ》な姿《すがた》を見《み》て、みんなうれし涙《なみだ》を流《なが》してよろこんだ。

清盛《きよもり》らは落《お》ちつく間《ま》もなく、すぐに作戦会議《さくせんかいぎ》を開《ひら》いた。

それから一週間《しゅうかん》ほどたった朝《あさ》のことだ。清盛《きよもり》の家来《けらい》が信頼《のぶより》のところにやってきて、一族《いちぞく》の名簿《みょうぶ》をさしだした。「名簿《みょうぶ》」とは、名前《なまえ》や官位《かんい》、生年月日《せいねんがっぴ》などを書《か》いたものだ。これをさしだすことは、相手《あいて》の人《ひと》に服従《ふくじゅう》する、つまり家来《けらい》になるというしるしだった。

名簿《みょうぶ》を受《う》けとった信頼《のぶより》は、有頂天《うちょうてん》になった。平氏一族《へいしいちぞく》が降参《こうさん》するといって、頭《あたま》を下《さ》げてきたのだ。これで勝利《しょうり》したことになる。

「これを見《み》よ、清盛《きよもり》がわしに名簿《みょうぶ》を届《とど》けてきたぞ。信西《しんぜい》が死《し》んでしまい、清盛《きよもり》は心細《こころぼそ》くなったのだ。それで、わしに頭《あたま》を下《さ》げてきたのだろう」

信頼《のぶより》は、貴族《きぞく》や武将《ぶしょう》に名簿《みょうぶ》を見《み》せ、得意《とくい》になっていた。

しかし義朝《よしとも》は、清盛《きよもり》の名簿《みょうぶ》を疑《うたが》っていた。平氏《へいし》がかんたんに頭《あたま》を下《さ》げるわけはない。裏《うら》に何《なに》かあるのではないか。信頼《のぶより》にそういったが、相手《あいて》にされなかった。

名簿《みょうぶ》をさしだす、という策《さく》を清盛《きよもり》に提案《ていあん》したのは、内大臣藤原公教《ないだいじんふじわらのきんのり》だった。名簿《みょうぶ》で相手《あいて》方《がた》を油断《ゆだん》させておき、そのあいだに状況《じょうきょう》を変《か》えるよう努力《どりょく》をするのだ。

清盛《きよもり》は、まず上皇《じょうこう》と天皇《てんのう》を救《すく》いだす準備《じゅんび》に全力《ぜんりょく》をそそいだ。見《み》こみのある貴族《きぞく》や武士《ぶし》に連絡《れんらく》をとり、平氏《へいし》に協力《きょうりょく》してくれるようはたらきかけた。太政大臣《だいじょうだいじん》の藤原実行《ふじわらのさねゆき》が力《ちから》を貸《か》してくれ、藤原光頼《ふじわらのみつより》が清盛《きよもり》の味方《みかた》となってくれた。光頼《みつより》は、敵方《てきがた》である弟《おとうと》の惟方《これかた》と藤原経宗《ふじわらのつねむね》を説得《せっとく》して、こちら側《がわ》に引《ひ》きいれた。少《すこ》しずつ味方《みかた》してくれる貴族《きぞく》や武士《ぶし》がふえてきた。

8章《しょう》 ❖ 上皇《じょうこう》と天皇《てんのう》を救《すく》いだせ

清盛《きよもり》は、上皇《じょうこう》と天皇救出作戦《てんのうきゅうしゅつさくせん》を決行《けっこう》した。

十二月《がつ》二十四日の昼《ひる》、一台《いちだい》の女性用《じょせいよう》の牛車《ぎっしゃ》を御所《ごしょ》に運《はこ》びいれておいた。そして夜《よる》おそく、二条大宮付近《にじょうおおみやふきん》で火事《かじ》さわぎを起《お》こした。御所《ごしょ》を警備《けいび》している武士《ぶし》がかけつける。武士《ぶし》がそちらに気《き》をとられているあいだに、惟方《これかた》が後白河上皇《ごしらかわじょうこう》がいる一本御書所《いっぽんごしょどころ》の寝所《しんじょ》に入《はい》った。上皇《じょうこう》は側近《そっきん》の公卿《くぎょう》に変装《へんそう》し、惟方《これかた》とともに馬《うま》で御所《ごしょ》を脱出《だっしゅつ》し、仁和寺《にんなじ》にのがれた。

おなじ時間《じかん》、黒戸御所《くろとのごしょ》でも二条天皇《にじょうてんのう》の救出作戦《きゅうしゅつさくせん》がおこなわれた。藤原経宗《ふじわらのつねむね》と尹明《ただあき》がうけもち、十七歳《さい》の天皇《てんのう》に女装《じょそう》してもらった。昼間《ひるま》入《い》れてあった牛車《ぎっしゃ》に、天皇《てんのう》、中宮《ちゅうぐう》、信西《しんぜい》の妻《つま》、紀伊局《きいのつぼね》が乗《の》りこみ、御所《ごしょ》から出《で》ることにした。京《きょう》の町《まち》に出《で》るには、警備《けいび》がきびしい門《もん》をとおらなければならない。上東門《じょうとうもん》にくると、警備《けいび》の武士《ぶし》があやしんだ。

「こんな夜中《よなか》にどこへ行《い》くのか」

「北野神社《きたのじんじゃ》に行《い》きます」

尹明《ただあき》が答《こた》えたが、武士《ぶし》は疑《うたが》ってなかなかとおしてくれない。そのうち、牛車《ぎっしゃ》のなかをしらべるといいだした。武士《ぶし》は御簾《みす》をかきあげ、松明《たいまつ》で中《なか》を照《て》らした。中《なか》では天皇《てんのう》と中宮《ちゅうぐう》らがだきあってふるえていた。変装《へんそう》した天皇《てんのう》は、女性《じょせい》に見《み》えた。

女性《じょせい》だけの牛車《ぎっしゃ》とわかって、やっととおしてくれた。牛車《ぎっしゃ》は北野神社《きたのじんじゃ》の方角《ほうがく》とは反対《はんたい》の、六波羅《ろくはら》のある東《ひがし》にむかった。警備《けいび》の武士《ぶし》が追《お》いかけてきて、牛車《ぎっしゃ》を止《と》めようとした。牛車《ぎっしゃ》は止《と》まらずに走《はし》ってにげた。つかまるかと思《おも》ったとき、東《ひがし》のほうから平氏《へいし》の軍勢《ぐんぜい》がやってきた。天皇《てんのう》はぶじに六波羅《ろくはら》にたどりつけた。

上皇《じょうこう》と天皇《てんのう》を救《すく》いだすというのは、とてもたいせつなことだった。清盛《きよもり》が信頼《のぶより》や義朝《よしとも》を攻《せ》めたとして、上皇《じょうこう》や天皇《てんのう》が信頼《のぶより》の側《がわ》にいるかぎり、清盛《きよもり》は朝廷《ちょうてい》に向《む》かって弓《ゆみ》をひいたことになる。「朝敵《ちょうてき》」「国賊《こくぞく》」になってしまうのだ。そうなると清盛《きよもり》は謀反《むほん》を起《お》こしたことになり、だれも味方《みかた》をしてくれなくなってしまうのだ。

内裏《だいり》
大内裏《だいだいり》
鴨川《かもがわ》
六波羅《ろくはら》

そのことがあるので、信頼《のぶより》は上皇《じょうこう》と天皇《てんのう》を御所《ごしょ》に閉《と》じこめ、上皇《じょうこう》らを人質《ひとじち》にして清盛《きよもり》に攻撃《こうげき》させないようにしたのだ。しかし、上皇《じょうこう》と天皇《てんのう》は救《すく》いだした。清盛《きよもり》は、堂々《どうどう》と戦《いくさ》に打《う》ってでられる状態《じょうたい》となった。

清盛《きよもり》は、二条天皇《にじょうてんのう》から宣旨《せんじ》（天皇《てんのう》の命令《めいれい》）をもらい、信頼《のぶより》、義朝《よしとも》らを討《う》つことにした。長男《ちょうなん》の重盛《しげもり》が総大将《そうだいしょう》で、弟《おとうと》の教盛《のりもり》と頼盛《よりもり》が副将《ふくしょう》となり、約《やく》三千騎《き》が御所《ごしょ》を攻《せ》める作戦《さくせん》だ。清盛《きよもり》は天皇《てんのう》のおられる六波羅《ろくはら》をまもることにした。

出陣《しゅつじん》するとき、重盛《しげもり》はこんな檄《げき》をとばし、兵《へい》をふるい立《た》たせた。

「いま元号《げんごう》は平治《へいじ》、ここは平安《へいあん》の都《みやこ》、われらは平氏《へいし》。この合戦《かっせん》に勝《か》てぬわけはない」

重盛《しげもり》のひきいる三千騎《き》は、賀茂川《かもがわ》を渡《わた》り、近衛大路《このえおおじ》、中御門大路《なかみかどおおじ》、大炊御門大路《おおいのみかどおおじ》をとおって御所《ごしょ》にやってきた。そして、御所《ごしょ》の東《ひがし》に面《めん》した、陽明門《ようめいもん》、待賢門《たいけんもん》、郁芳門《いくほうもん》の三手《さんて》から攻《せ》めようとしていた。御所《ごしょ》を戦火《せんか》で焼《や》いてはならぬ、と清盛《きよもり》から強《つよ》くいわれていた。保元《ほうげん》の乱《らん》のあと、清盛《きよもり》はばく大《だい》な費用《ひよう》を出《だ》して御所《ごしょ》を新築《しんちく》したからだ。重盛《しげもり》は、最初《さいしょ》は御所《ごしょ》の内《うち》に攻《せ》め入《い》るが、少《すこ》し戦《たたか》ったら外《そと》にしりぞくことを考《かんが》えていた。源氏《げんじ》の兵《へい》を外《そと》におびきだし、外《そと》で戦《たたか》えば御所《ごしょ》を焼《や》くことはない。

源氏方《げんじがた》の軍《ぐん》を指揮《しき》するのは源義朝《みなもとのよしとも》だ。そのあとに、長男《ちょうなん》の源義平《みなもとのよしひら》、次男朝長《じなんともなが》、三男頼朝《さんなんよりとも》、家来《けらい》の鎌田政清《かまたまさきよ》がいた。源氏《げんじ》の軍勢《ぐんぜい》は、二千騎《き》あまりだった。

平氏《へいし》の総大将《そうだいしょう》・重盛《しげもり》は、五百騎《き》をひきいて待賢門《たいけんもん》を一気《いっき》にくぐり、紫宸殿前《ししんでんまえ》の大庭《おおにわ》に生《は》えているムクの木《き》まで攻《せ》めてきた。源義平《みなもとのよしひら》と十七騎《き》の武者《むしゃ》が、五百騎《き》の中《なか》に馬《うま》でつっこんできた。義平《よしひら》は兵《へい》をけちらしながら、重盛《しげもり》にせまってくる。義平《よしひら》と重盛《しげもり》は、紫宸殿《ししんでん》の前《まえ》をかけめぐりながら戦《たたか》った。それから重盛《しげもり》たちは、予定通《よていどお》り御所《ごしょ》からしりぞいた。

源氏《げんじ》の兵《へい》は外《そと》へ追《お》いかけてくる。平氏《へいし》はにげるのが早《はや》くて、京《きょう》の町中《まちなか》を思《おも》いどおりににげまわった。源氏《げんじ》の兵《へい》がつかれはてて御所《ごしょ》にもどってくると、御所《ごしょ》の門《もん》はみんな閉《し》められ、なかには平氏《へいし》の赤《あか》い旗《はた》がひるがえっていた。

清盛《きよもり》の弟《おとうと》、頼盛《よりもり》は一千騎《き》で郁芳門《いくほうもん》にやってきて、義朝《よしとも》の軍勢《ぐんぜい》と戦《たたか》った。十三歳《さい》の頼朝《よりとも》は初陣《ういじん》だった。弓《ゆみ》で敵《てき》の二騎《き》を射落《いお》とし、一騎《き》は傷《きず》を負《お》わせた。しかし敵兵《てきへい》にかこまれ、あわやというところを父《ちち》の義朝《よしとも》に助《たす》けられた。

門《もん》を閉《し》められ、御所《ごしょ》にもどれなくなった源氏《げんじ》の軍《ぐん》は、清盛《きよもり》がまもっている六波羅《ろくはら》を攻《せ》めることにした。帰《かえ》る場所《ばしょ》がなくなり、必死《ひっし》で攻《せ》めてくる源氏《げんじ》の攻撃《こうげき》に、平氏《へいし》はたじたじと

なった。けれど、清盛《きよもり》らの懸命《けんめい》のまもりで踏《ふ》みとどまっていた。

時間《じかん》がたつにつれて、源氏《げんじ》の兵《へい》たちに疲《つか》れが目立《めだ》ってきた。御所《ごしょ》を占拠《せんきょ》していた平氏《へいし》の兵《へい》が、少《すこ》しずつ六波羅《ろくはら》にもどってきている。

源氏軍《げんじぐん》の先頭《せんとう》に立《た》って戦《たたか》ってきた義平《よしひら》も、すっかり消耗《しょうもう》していた。体《からだ》が動《うご》かなくなっているのだ。義平《よしひら》がしりぞくと、平氏《へいし》がもり返《かえ》した。その後《ご》、六条河原《ろくじょうがわら》で決戦《けっせん》となった。

源頼政《みなもとのよりまさ》の軍勢《ぐんぜい》は河原《かわら》のそばに待機《たいき》していたが、参戦《さんせん》しなかった。どうしても義朝《よしとも》に協力《きょうりょく》する気持《きも》ちになれなかったのだ。六条河原《ろくじょうがわら》の決戦《けっせん》は平氏《へいし》が勝《か》った。頼政《よりまさ》が動《うご》かなかったことが、源氏《げんじ》の敗戦《はいせん》につながった。

義朝《よしとも》、義平《よしひら》、朝長《ともなが》、頼朝《よりとも》の一行《いっこう》は、賀茂川《かもがわ》を上流《じょうりゅう》にむかって敗走《はいそう》していった。そして、八瀬《やせ》から比良《ひら》の山《やま》をこえて近江《おうみ》（滋賀県《しがけん》）に入《はい》り、瀬田《せた》（大津市《おおつし》）から中山道《なかせんどう》を東国《とうごく》へむかったのだ。

十二月二十八日《がつ》《にち》、一行《いっこう》は近江《おうみ》と美濃《みの》（岐阜県《ぎふけん》）の国境《くにざかい》の山道《やまみち》で、強《つよ》い吹雪《ふぶき》におそわれた。少《すこ》し先《さき》しか見《み》えないなかを歩《ある》くうちに、頼朝《よりとも》の姿《すがた》が消《き》えてしまった。探《さが》しているよゆうはない。義朝《よしとも》たちは頼朝《よりとも》があとから来《く》るよう祈《いの》って山《やま》を下《くだ》り、美濃《みの》に入《はい》った。

こんどは次男《じなん》の朝長《ともなが》が歩《ある》けなくなった。矢《や》でうけた傷《きず》がひどくなったのだ。そのままおいておくと、敵《てき》に見《み》つかって殺《ころ》されてしまう。それで父《ちち》の義朝《よしとも》が、涙《なみだ》をこらえながら首《くび》をはねた。

残《のこ》ったのは義朝《よしとも》と義平《よしひら》だけとなった。平氏《へいし》に見《み》つかるとふたりとも殺《ころ》されてしまう。そこで別《わか》れることにした。義平《よしひら》は北陸《ほくりく》へ、義朝《よしとも》は家来《けらい》の鎌田政清《かまたまさきよ》と知多半島《ちたはんとう》（愛知県《あいちけん》）を目《め》ざすことにした。知多半島《ちたはんとう》には、源氏《げんじ》の家来《けらい》の長田《おさだ》という豪族《ごうぞく》がおり、政清《まさきよ》は長田《おさだ》の娘《むすめ》を妻《つま》にしていた。

義朝《よしとも》たちが着《つ》くと、最初長田《さいしょおさだ》はもてなしてくれた。けれど義朝《よしとも》が風呂《ふろ》に入《はい》っていると、長田《おさだ》と息子《むすこ》のふたりがおそってきて殺《ころ》された。義朝《よしとも》の声《こえ》を聞《き》き、風呂場《ふろば》にかけつけた政清《まさきよ》も命《いのち》をうばわれた。

義平《よしひら》は越前国《えちぜんのくに》（福井県《ふくいけん》）に入《はい》ったとき、父《ちち》が討《う》たれたという知《し》らせを受《う》けた。ひとりで平氏《へいし》をたおそうと覚悟《かくご》を決《き》め、京《きょう》にもどった。そして逢坂《おうさか》の関《せき》あたりにいたところを平氏《へいし》の間者《かんじゃ》に見《み》つかり、首《くび》を切《き》られた。二十歳《はたち》だった。

とちゅうではぐれた頼朝《よりとも》は、その後頼盛《ごよりもり》の家来《けらい》に見《み》つけられ、京《きょう》に送《おく》られた。首《くび》をはねられるところを、清盛《きよもり》の育《そだ》ての親《おや》、池禅尼《いけのぜんに》のおかげで助《たす》けられた。そして伊豆《いず》の蛭ヶ小島《ひるがこじま》（静岡県伊豆《しずおかけんいず》の国市《くにし》）に流《なが》された。

義朝《よしとも》には、京《きょう》に常盤《ときわ》という愛人《あいじん》がおり、今若《いまわか》、乙若《おとわか》、牛若《うしわか》の三人《にん》の男《おとこ》の子《こ》がいた。平治《へいじ》の乱《らん》が起《お》きた翌月《よくげつ》、常盤《ときわ》は京《きょう》をぬけだして大和国《やまとのくに》（奈良県《ならけん》）にかくれようとしたが、平氏《へいし》の役人《やくにん》に見《み》つかった。六波羅《ろくはら》に送《おく》られたが、けんめいの命《いのち》ごいで三人《にん》の男《おとこ》の子《こ》は死刑《しけい》をまぬがれた。八歳《さい》の今若《いまわか》と六歳《さい》の乙若《おとわか》は、寺《てら》に入《はい》ってお坊《ぼう》さんになった。二歳《さい》の牛若《うしわか》は母親《ははおや》に育《そだ》ててもらい、七歳《さい》になったら寺《てら》に入《はい》ることになった。この牛若《うしわか》が、成長《せいちょう》して源義経《みなもとのよしつね》となる。

9章《しょう》 ❖ 厳島神社《いつくしまじんじゃ》は守《まも》り神《がみ》

平治《へいじ》の乱《らん》がおわった十二月二十九日《にち》。この戦《いくさ》で功《こう》があった武将《ぶしょう》に恩賞《おんしょう》が下《くだ》された。清盛《きよもり》の長男《ちょうなん》・重盛《しげもり》は伊予守《いよのかみ》、三男《さんなん》・宗盛《むねもり》は遠江守《とおとうみのかみ》、清盛《きよもり》の下《した》の弟《おとうと》・経盛《つねもり》は伊賀守《いがのかみ》、三番目《ばんめ》の弟《おとうと》・教盛《のりもり》は越中守《えっちゅうのかみ》、四番目《ばんめ》の弟《おとうと》・頼盛《よりもり》は尾張守《おわりのかみ》に任《にん》ぜられた。

年《とし》があけた一一六〇年正月《ねんしょうがつ》、清盛《きよもり》は従四位下《じゅしいのげ》に進《すす》み、左馬頭《さまのかみ》をかねることになった。

二月《がつ》のある日《ひ》、後白河上皇《ごしらかわじょうこう》は清盛《きよもり》を呼《よ》んで怒《おこ》ったようにいわれた。

「藤原経宗《ふじわらのつねむね》と惟方《これかた》が、自分《じぶん》たちの思《おも》うように政治《せいじ》をすすめている。朕《ちん》がいうことをなにも聞《き》こうとはしない。清盛《きよもり》は、ふたりのおこないについてどう思《おも》うか」

経宗《つねむね》と惟方《これかた》は、二条天皇《にじょうてんのう》とつながっており、政治《せいじ》は天皇《てんのう》がとったほうがよいと考《かんが》えていた。それで上皇《じょうこう》のいうことには耳《みみ》を貸《か》さず、どんなことにも反対《はんたい》をしてきたのだった。

「おふたりは、平治《へいじ》の乱《らん》で勝利《しょうり》したのは自分《じぶん》たちのはたらきのためだ、といばっておられるようです。公卿《くぎょう》の方々《かたがた》もおふたりはでしゃばりすぎだ、といっております」

清盛《きよもり》もふたりのやり方《かた》が気《き》になっていたのだ。

「そうであろう。ふたりを捕《と》らえて、政治《せいじ》の表《おもて》に出《で》られないようにしたい。清盛《きよもり》、やってもらえぬか」

「はいっ、上皇《じょうこう》さまのご命令《めいれい》とあらばやりましょう。ふたりを捕《つか》まえ、政治《せいじ》の表《おもて》には出《で》られぬようにいたします」

清盛《きよもり》は命令《めいれい》をうけて、ふたりを捕《と》らえた。そして経宗《つねむね》は阿波《あわ》（徳島県《とくしまけん》）へ、惟方《これかた》は長門《ながと》（山口県《やまぐちけん》）へ流《なが》した。惟方《これかた》がおさめていた武蔵国《むさしのくに》（埼玉県《さいたまけん》・東京都《とうきょうと》）は没収《ぼっしゅう》して清盛《きよもり》のものとなり、清盛《きよもり》の四男《よんなん》、知盛《とももり》が武蔵守《むさしのかみ》となった。

この時期《じき》、後白河上皇《ごしらかわじょうこう》と二条天皇《にじょうてんのう》は、どちらも自分《じぶん》が主導権《しゅどうけん》をとって政治《せいじ》をやりたいと考《かんが》えていた。後白河上皇《ごしらかわじょうこう》は、じぶんの政治力《せいじりょく》を立《た》てなおすために、二条天皇《にじょうてんのう》を助《たす》けているふたりを捕《と》らえるよう、清盛《きよもり》にたのんだのだった。

経宗《つねむね》、惟方《これかた》を失《うしな》った二条天皇方《にじょうてんのうがた》の勢《いきお》いは弱《よわ》まった。いまから天皇《てんのう》が政治《せいじ》の中心《ちゅうしん》になろうとしていたのに、つまずいてしまった。これで後白河上皇方《ごしらかわじょうこうがた》の勢《いきお》いがました。

まき返《かえ》した上皇《じょうこう》のもとで、清盛《きよもり》はどんどん出世《しゅっせ》していった。

六月二十日《がつはつか》、平治《へいじ》の乱《らん》のときの功績《こうせき》で、清盛《きよもり》は正三位《しょうさんみ》をさずけられた。八月《がつ》には武士《ぶし》としてはじめて正三位《しょうさんみ》の参議《さんぎ》となり、公卿《くぎょう》の列《れつ》に加《くわ》わった。

公卿《くぎょう》は貴族《きぞく》でもいちばん高《たか》い階級《かいきゅう》で、三位以上《さんみいじょう》の貴族《きぞく》から任《にん》じられる。*太政大臣《だいじょうだいじん》、左大臣《さだいじん》、右大臣《うだいじん》、大納言《だいなごん》、中納言《ちゅうなごん》、参議《さんぎ》までだ。公卿《くぎょう》は朝廷《ちょうてい》の会議《かいぎ》に出席《しゅっせき》し、国《くに》の政治《せいじ》について意見《いけん》をのべたり、決《き》めたりすることができる。

清盛《きよもり》を貴族《きぞく》の最高階級《さいこうかいきゅう》にまで引《ひ》き上《あ》げてくれたのは、後白河上皇《ごしらかわじょうこう》だった。自分《じぶん》を強《つよ》くささえてもらうかわりに、清盛《きよもり》に高《たか》い位《くらい》と官職《かんしょく》をあたえたのだった。

この年《とし》の八月五日《がつか》、清盛《きよもり》は一族《いちぞく》を引《ひ》きつれて、はじめて安芸《あき》（広島県《ひろしまけん》）の厳島神社《いつくしまじんじゃ》におまいりした。清盛《きよもり》は三十七歳《さい》のときに、厳島神社《いつくしまじんじゃ》を平氏《へいし》の守《まも》り神《がみ》にした。夢《ゆめ》の中《なか》に弘法大師《こうぼうだいし》があらわれて、「厳島神社《いつくしまじんじゃ》の社殿《しゃでん》をつくりなおし、一族《いちぞく》の守《まも》り神《がみ》にすると、平氏《へいし》は栄《さか》えるだろう」といわれたのだ。

厳島神社《いつくしまじんじゃ》は神《かみ》をたいせつにまつる島《しま》とされ、古《ふる》くから海上《かいじょう》の安全《あんぜん》、商売繁盛《しょうばいはんじょう》の守《まも》り神《がみ》だった。このあたりに住《す》む人《ひと》たちと、海《うみ》を行《ゆ》く船人《ふなびと》から信仰《しんこう》されていた。

清盛《きよもり》はそれまで海上《かいじょう》からおがんでいたが、一族《いちぞく》といっしょに来《き》て、はじめて陸《りく》に上《あ》がって参拝《さんぱい》をした。今回《こんかい》は、神社《じんじゃ》をどう改修《かいしゅう》するかの下見《したみ》でもあった。

海《うみ》のなかに建《た》てられた鳥居《とりい》は、長《なが》いあいだにくさって傾《かたむ》き、社殿《しゃでん》も回廊《かいろう》も潮風《しおかぜ》でいたんでいた。見《み》てまわった清盛《きよもり》は、神主《かんぬし》の佐伯《さえき》にいった。

「鳥居《とりい》はもっと大型《おおがた》にして、社殿《しゃでん》は海《うみ》に張《は》り出《だ》すのがよい。寝殿造《しんでんづく》りをそのまま海《うみ》の上《うえ》にきずくのだ。五重塔《ごじゅうのとう》を建《た》てるのもよい。海上遠《かいじょうとお》くからでも、さん然《ぜん》と光《ひか》りかがやく神社《じんじゃ》にしてもらいたい。費用《ひよう》はいくらかかっても出《だ》す」

それから厳島神社《いつくしまじんじゃ》の大《おお》がかりな改修工事《かいしゅうこうじ》ははじまった。

平治《へいじ》の乱《らん》がおわってから、清盛《きよもり》と後白河上皇《ごしらかわじょうこう》は強《つよ》く結《むす》びついていた。その関係《かんけい》がさらに近《ちか》くなるできごとがあった。清盛《きよもり》の妻《つま》、時子《ときこ》の妹《いもうと》の滋子《しげこ》は、後白河上皇《ごしらかわじょうこう》の側室《そくしつ》となっていた。その滋子《しげこ》が、一一六一（応保元《おうほうがん》）年九月《ねんがつ》、皇子《おうじ》の憲仁親王《のりひとしんのう》を産《う》んだのである。

「親王《しんのう》がもし天皇《てんのう》になれば、どんなにすばらしいだろう」

平氏《へいし》の血《ち》が皇室《こうしつ》に入《はい》ることになる。考《かんが》えるだけでわくわくした。

清盛《きよもり》は、貴族《きぞく》と親《しん》せき関係《かんけい》を結《むす》ぶことも熱心《ねっしん》にやった。娘《むすめ》の盛子《もりこ》を、関白《かんぱく》・藤原基実《ふじわらのもとざね》にとつがせた。基実《もとざね》は、摂政《せっしょう》・関白《かんぱく》になれる家柄《いえがら》、摂関家《せっかんけ》のあととりだった。摂関家《せっかんけ》はむかしほどの勢《いきお》いはなかったが、貴族《きぞく》のなかではいちばん位《くらい》の高《たか》い家柄《いえがら》である。摂関家《せっかんけ》と親《しん》せきになることは名誉《めいよ》なことであり、貴族社会《きぞくしゃかい》のなかで生《い》きていくのに大《おお》きな力《ちから》となるのだった。

一一六四（長寛《ちょうかん》二）年《ねん》九月《がつ》、清盛《きよもり》は一族《いちぞく》三十二名《めい》を引《ひ》きつれて、改築《かいちく》がおわった厳島神社《いつくしまじんじゃ》に参拝《さんぱい》した。清盛《きよもり》ら平氏一族《へいしいちぞく》は百隻《せき》をこえる船《ふね》に乗《の》り、旗《はた》をなびかせながら、海中《かいちゅう》に建《た》っている大鳥居《おおとりい》をくぐっていった。そのようすはとても壮大《そうだい》で美《うつく》しく、平氏一族《へいしいちぞく》の繁栄《はんえい》ぶりをうつしだしているようだった。

このとき、ひとり一巻《かん》ずつ書《か》き写《うつ》した三十二巻《かん》の経典《きょうてん》と、一巻《かん》の願文《がんもん》をもっていって奉納《ほうのう》した。これは『平家納経《へいけのうきょう》』といわれ、国宝《こくほう》となっている。

一一六五（永万元《えいまんがん》）年《ねん》八月《がつ》、清盛《きよもり》は権大納言《ごんだいなごん》となり、翌年《よくねん》には正二位内大臣《しょうにいないだいじん》、さらにつぎの年《とし》には太政大臣《だいじょうだいじん》となり、位《くらい》は従一位《じゅいちい》に進《すす》んだ。

一方《いっぽう》、二条天皇《にじょうてんのう》は、清盛《きよもり》が権大納言《ごんだいなごん》になった年《とし》の六月《がつ》に、二歳《さい》になる順仁親王《のぶひとしんのう》に位《くらい》をゆずった。ところが二条天皇《にじょうてんのう》は順仁親王《のぶひとしんのう》が即位《そくい》（六条天皇《ろくじょうてんのう》）したつぎの月《つき》に、二十三歳《さい》という若《わか》さで亡《な》くなってしまった。

清盛《きよもり》は、義妹《ぎまい》、滋子《しげこ》が産《う》んだ憲仁親王《のりひとしんのう》を、皇太子《こうたいし》に推薦《すいせん》した。憲仁親王《のりひとしんのう》は、一一六六（仁安元《にんあんがん》）年《ねん》十月《がつ》に皇太子《こうたいし》となった。まだ六歳《さい》だったので、清盛《きよもり》が*春宮大夫《とうぐうだいぶ》の役《やく》についた。皇太子《こうたいし》のおかげで、清盛《きよもり》と後白河上皇《ごしらかわじょうこう》との結《むす》びつきはさらに強《つよ》いものとなった。

清盛《きよもり》は、保元《ほうげん》の乱《らん》と平治《へいじ》の乱《らん》、ふたつの戦《いくさ》で武士《ぶし》の力《ちから》の大《おお》きさを示《しめ》した。武士《ぶし》は前《まえ》のように貴族《きぞく》の前《まえ》に出《で》ても、おそれいって小《ちい》さくなっている必要《ひつよう》はなくなった。

平氏《へいし》の館《やかた》がならぶ六波羅《ろくはら》には、清盛《きよもり》らのごきげんをうかがいに公卿《くぎょう》や貴族《きぞく》がやってきた。それを見物《けんぶつ》にする人《ひと》びとも多《おお》かった。それらの人《ひと》で、六波羅《ろくはら》ふきんは一日中《いちにちじゅう》混雑《こんざつ》した。衣《い》服《ふく》や烏帽子《えぼし》の形《かたち》、着《き》こなし方《かた》などを「六波羅様《ろくはらよう》」といってまねする者《もの》もあらわれるほどだった。

こうした平氏《へいし》の繁栄《はんえい》ぶりを見《み》て、清盛《きよもり》の妻時子《つまときこ》の弟《おとうと》、平時忠《たいらのときただ》はこういった。

「平氏《へいし》にあらずんば、人《ひと》にあらず（平氏《へいし》でないものは、人《ひと》ではない）」

平氏《へいし》になにも怖《こわ》いものはなく、おごりたかぶるようになったのだ。

一一六七（仁安二《にんあん》）年《ねん》の暮《く》れからつぎの年《とし》の初《はじ》め、清盛《きよもり》は病魔《びょうま》にとりつかれた。すぐれた医師《いし》が診《み》ても、何《なん》の病気《びょうき》かわからなかった。三《さん》、四日《よっか》ごとに高熱《こうねつ》が出《で》る。熱《ねつ》が出《で》る前《まえ》にはひどい悪寒《おかん》がして、体《からだ》がふるえだす。熱《ねつ》が出《で》てくると、頭《あたま》がぼーっとして、さかんにうわごとをいった。くり返《かえ》しそんな状態《じょうたい》がつづいて、清盛《きよもり》の体《からだ》は弱《よわ》っていった。

医師《いし》たちは、そばを離《はな》れないで治療《ちりょう》にあたった。また、高僧《こうそう》や神人《かみびと》がやってきて、かわるがわる加持祈禱《かじきとう》をした。けれど、清盛《きよもり》の病気《びょうき》はなおらなかった。

「もうだめか」

「大黒柱《だいこくばしら》の清盛《きよもり》どのが亡《な》くなられたら、その先《さき》、平氏《へいし》はどうなるのか」

平氏一門《へいしいちもん》は、だれもが不安《ふあん》な気持《きも》ちになった。

病《やまい》の床《とこ》で清盛《きよもり》は、出家《しゅっけ》して名《な》を浄海《じょうかい》とした。病気《びょうき》がなおらないので、仏《ほとけ》にすがろうとした。

清盛《きよもり》が病気《びょうき》と闘《たたか》っていた二月十九日《がつにち》、六条天皇《ろくじょうてんのう》は退位《たいい》し、皇太子《こうたいし》の憲仁《のりひと》が第《だい》八十代高倉《だいたかくら》天皇《てんのう》となった。清盛《きよもり》が願《ねが》っていたことがかなった。

二月《がつ》のおわり、清盛《きよもり》は宋《そう》の医師《いし》に診《み》てもらい、彼《かれ》のすすめる漢方薬《かんぽうやく》をのんだ。すると、病気《びょうき》はたちまち回復《かいふく》して元気《げんき》になった。本人《ほんにん》もまわりも、奇跡《きせき》が起《お》きたと思《おも》った。

清盛《きよもり》は、病気《びょうき》がなおって三ヵ月後《げつご》、太政大臣《だいじょうだいじん》の職《しょく》をしりぞいた。そして平氏一門《へいしいちもん》の代表《だいひょう》は、長男《ちょうなん》、重盛《しげもり》に代《か》わった。清盛《きよもり》は＊入道前太政大臣《にゅうどうぜんだいじょうだいじん》として、重盛《しげもり》のうしろにひかえることにしたのだ。

病気《びょうき》が回復《かいふく》したつぎの年《とし》、一一六九（嘉応元《かおうがん》）年《ねん》の春《はる》。清盛《きよもり》は福原《ふくはら》（神戸市中央区《こうべしちゅうおうく》・兵《ひょう》庫区《ごく》）に山荘《さんそう》をつくった。そして六波羅《ろくはら》の館《やかた》は重盛《しげもり》にゆずり、もっぱら福原《ふくはら》で生活《せいかつ》するようになった。

清盛《きよもり》が福原《ふくはら》に山荘《さんそう》を建《た》てた理由《りゆう》は、すぐ南《みなみ》に大輪田泊《おおわだのとまり》（いまの神戸港《こうべこう》）があったからだ。そこは奈良時代《ならじだい》に開《ひら》かれ、瀬戸内海航路《せとないかいこうろ》のたいせつな港《みなと》だった。清盛《きよもり》は大輪田泊《おおわだのとまり》を愛《あい》していた。

大坂湾《おおさかわん》は、上流《じょうりゅう》から流《なが》れてくる土砂《どしゃ》で水深《すいしん》が浅《あさ》い。だから大《おお》きな船《ふね》の出入《でい》りはむずかしい。それで長《なが》いあいだ京《きょう》への荷物《にもつ》は、大輪田泊《おおわだのとまり》で小船《こぶね》に積《つ》みかえ淀川《よどがわ》をさかのぼって運《はこ》んでいた。つまり、大輪田泊《おおわだのとまり》は瀬戸内海《せとないかい》を東《ひがし》にむかってやってきた大型船《おおがたせん》がさいごに寄港《きこう》する港《みなと》だった。だからこの港《みなと》を押《お》さえると、西国《さいごく》の品物《しなもの》の流《なが》れのほとんどを自分《じぶん》の手《て》にすることができる。

海上交通《かいじょうこうつう》を使《つか》っての交易《こうえき》、外国《がいこく》との貿易《ぼうえき》、それらをもっとさかんにしたい。そのためには、この港《みなと》を生《い》かさなければならない。

天気《てんき》がよい日《ひ》、山荘《さんそう》を出《で》た清盛《きよもり》は大輪田泊《おおわだのとまり》にやってくる。そして浜《はま》を歩《ある》きながら、どうすればこの港《みなと》がもっと盛《さか》んになるかを考《かんが》えるのだった。

＊太政大臣《だいじょうだいじん》、左大臣《さだいじん》、右大臣《うだいじん》、大納言《だいなごん》、中納言《ちゅうなごん》、参議《さんぎ》……いずれも太政官《だいじょうかん》（朝廷《ちょうてい》の最高機《さいこうき》関《かん》）内《ない》の高級官職《こうきゅうかんしょく》で、太政大臣《だいじょうだいじん》が最上職《さいじょうしょく》。
＊春宮大夫《とうぐうだいぶ》……皇太子《こうたいし》に代《か》わって政務《せいむ》をおこなう役目《やくめ》。
＊入道《にゅうどう》……仏門《ぶつもん》に入《はい》った皇族《こうぞく》や三位《さんみ》以上《いじょう》の貴族《きぞく》への尊称《そんしょう》。

10章《しょう》 ❖ 大輪田泊《おおわだのとまり》を改修《かいしゅう》する

一一七〇（嘉応《かおう》二）年《ねん》七月《がつ》、清盛《きよもり》が福原《ふくはら》（兵庫県《ひょうごけん》）から京《きょう》の六波羅《ろくはら》にもどっていた日《ひ》のこと。こんなことが起《お》きた。

そのときの摂政《せっしょう》だった藤原基房《ふじわらのもとふさ》は、法勝寺《ほっしょうじ》に行《い》った帰《かえ》りで大宮大路《おおみやおおじ》を南《みなみ》に下《くだ》っていた。ぜいたくなつくりの中国風《ちゅうごくふう》の牛車《ぎっしゃ》の行列《ぎょうれつ》だったので、すぐに位《くらい》の高《たか》い人《ひと》が乗《の》っているとわかった。町《まち》の人《ひと》は、立《た》ちどまって頭《あたま》を下《さ》げて、列《れつ》がとおり過《す》ぎるのを待《ま》った。

三条《さんじょう》にさしかかったとき、一台《だい》の牛車《ぎっしゃ》がきて基房《もとふさ》の行列《ぎょうれつ》の前《まえ》をさえぎった。車《くるま》を見《み》ると、摂政《せっしょう》より格《かく》の低《ひく》い車《くるま》だ。摂政《せっしょう》の車《くるま》だとわかれば、車《くるま》をさけるか、降《お》りて見送《みおく》るのが礼儀《れいぎ》だった。行列《ぎょうれつ》の前《まえ》に入《はい》ってさえぎるとは、無礼《ぶれい》なことである。

行列《ぎょうれつ》の前《まえ》を横切《よこぎ》った車《くるま》は、知《し》らんふりして行列《ぎょうれつ》を進《すす》めていた。基房《もとふさ》の列《れつ》の先導役《せんどうやく》のものは、大声《おおごえ》で止《と》まれと呼《よ》びかけた。けれど、車《くるま》は平気《へいき》で進《すす》んでいく。

「すみやかに車《くるま》を止《と》めて、道《みち》を空《あ》けよ」

「それはだれの車《くるま》か」

先導役《せんどうやく》が何度《なんど》も声《こえ》をかけたが、答《こた》えはなかった。基房《もとふさ》の行列《ぎょうれつ》の者《もの》は、だれもがかっとなった。

「無礼《ぶれい》な車《くるま》をとめろ」

「引《ひ》きずりおろしてやれ」

するとむこうの車《くるま》の供人《ともびと》がどなった。

「車《くるま》のお方《かた》は、平重盛《たいらのしげもり》さまの御子息《ごしそく》、資盛《すけもり》さまなるぞ」

車《くるま》の主《ぬし》が平氏《へいし》の人間《にんげん》だと聞《き》いて、基房《もとふさ》の行列《ぎょうれつ》の者《もの》はよけいに怒《おこ》りだした。

「平氏《へいし》だと思《おも》っていばっているんだ」

「なまいきなやつを、たたきのめしてやれ」

基房《もとふさ》の行列《ぎょうれつ》の人間《にんげん》がおそいかかっていく。なぐりあいとなった。資盛《すけもり》の供人《ともびと》は抵抗《ていこう》した

が、相手《あいて》はずっと人数《にんずう》が多《おお》い。さんざん殴《なぐ》られたり、蹴《け》られたりした。そして、行列《ぎょうれつ》は去《さ》っていった。

資盛《すけもり》が帰《かえ》って父《ちち》、重盛《しげもり》に報告《ほうこく》すると、重盛《しげもり》はこわい顔《かお》でたずねた。

「そなたは何歳《なんさい》になったか」

「はい十歳《さい》になります」

「十歳《さい》というのは、人《ひと》の礼《れい》をじゅうぶんにわきまえていないといけない年齢《ねんれい》だ。目上《めうえ》の人《ひと》を敬《うやま》うのは、人《ひと》としてとてもたいせつなことだ。目上《めうえ》の人《ひと》、身分《みぶん》の高《たか》い人《ひと》の行列《ぎょうれつ》と出会《であ》ったのなら、降《お》りて行列《ぎょうれつ》を見送《みおく》るか、遠慮《えんりょ》して車《くるま》をよけなければならぬ。それなのに摂政《せっしょう》の行列《ぎょうれつ》をさえぎるとは、無礼《ぶれい》もはなはだしい。そなたのふるまいは、父親《ちちおや》だけでなく、平氏《へいし》一族《いちぞく》に恥《はじ》をかかせたことになるのだぞ」

重盛《しげもり》はきびしくしかった。ところが、この話《はなし》を聞《き》いた清盛《きよもり》は怒《おこ》った。自分《じぶん》のことを軽《かろ》んじられたように思《おも》ったのだ。

「摂政《せっしょう》・関白《かんぱく》といっても、平氏《へいし》がいなくてはなにもできないではないか。それを摂政《せっしょう》の威《い》光《こう》をかさにきおって、わしの孫《まご》をはずかしめた」

清盛《きよもり》はそのままにしておけないと思《おも》った。家来《けらい》を呼《よ》んで、孫《まご》の恥《はじ》をそそぐように命令《めいれい》した。家来《けらい》は、摂政《せっしょう》が御所《ごしょ》に出《で》かける日《ひ》をしらべ、その帰《かえ》りを待《ま》って仕返《しかえ》しすることに決《き》めた。

十月《がつ》二十一日《にち》の夕方《ゆうがた》。基房《もとふさ》は御所《ごしょ》の用事《ようじ》がおわって、三条《さんじょう》の通《とお》りを屋敷《やしき》にむかっていた。そこへ三十人《にん》ほどの武士《ぶし》があらわれ、行列《ぎょうれつ》を止《と》めた。そして、いっせいに行列《ぎょうれつ》の先導役《せんどうやく》、供人《ともびと》におそいかかった。武士《ぶし》たちは、供人《ともびと》を地面《じめん》にねじふせ、頭《あたま》の髻《もとどり》（髪《かみ》の毛《け》をたばねたところ）を切《き》っていった。髻《もとどり》を切《き》られた者《もの》たちは、泣《な》きそうな顔《かお》をして道《みち》にうずくまっていた。あっというまのできごとだった。

行列《ぎょうれつ》をおそった武士《ぶし》たちは、館《やかた》にもどると清盛《きよもり》に仕返《しかえ》しを報告《ほうこく》した。

「そうか、ご苦労《くろう》であった。これで平氏《へいし》のこわさを知《し》ったであろう」

清盛《きよもり》は満足《まんぞく》そうにいった。

一一七一（嘉応《かおう》三）年《ねん》一月三日《がつみっか》、十一歳《さい》になった高倉天皇《たかくらてんのう》の元服式《げんぷくしき》が御所《ごしょ》でおこなわれた。この年《とし》の十二月《がつ》十四日《か》、清盛《きよもり》の次女《じじょ》、徳子《とくこ》は後白河法皇《ごしらかわほうおう》の猶子《ゆうし》（養女《ようじょ》）となった。そして御所《ごしょ》に入《はい》り、高倉天皇《たかくらてんのう》の中宮《ちゅうぐう》となった。清盛《きよもり》は、徳子《とくこ》に高倉天皇《たかくらてんのう》の皇子《おうじ》を産《う》んでほしいと願《ねが》った。

一一七三（承安《じょうあん》三）年《ねん》、清盛《きよもり》は大輪田泊《おおわだのとまり》の改修工事《かいしゅうこうじ》に取《と》りかかっていた。

「清盛《きよもり》さま、船着場《ふなつきば》がだいぶできてまいりましたな」

「うむ、もうすぐ宋《そう》の大《おお》きな船《ふね》も岸《きし》に着《つ》けるようになる。たいへんな工事《こうじ》だが、みんなよくやってくれている」

清盛《きよもり》は、海《うみ》のすぐ近《ちか》くにやってきては、人《ひと》びとがはたらくようすを熱心《ねっしん》にながめていた。福原《ふくはら》に山荘《さんそう》をつくって三年目《ねんめ》になる。ずっと構想《こうそう》していた港《みなと》の大改修《だいかいしゅう》をはじめたのである。

がんじょうな船着場《ふなつきば》が形《かたち》になってきて、いまは港《みなと》の前《まえ》に人工島《じんこうとう》をつくりはじめている。大輪田泊《おおわだのとまり》は西《にし》に和田岬《わだみさき》がつきでているので西風《にしかぜ》は防《ふせ》げるが、東南《とうなん》にはなにもない。それで東南《とうなん》の海風《かいふう》が強《つよ》く港《みなと》に吹《ふ》きつけ、荒波《あらなみ》のため港《みなと》（船《ふね》だまり）に船《ふね》が入《はい》れなかったり、船《ふね》がよく転覆《てんぷく》した。それで、どんな強風《きょうふう》や荒波《あらなみ》がきても安全《あんぜん》に船《ふね》が停泊《ていはく》でき、外国《がいこく》の大《おお》きな船《ふね》も入《はい》れる港《みなと》にするつもりだった。

この港《みなと》は、山《やま》がすぐ近《ちか》くまでせまってきている。それで山《やま》すそをくずして、石《いし》や土《つち》、砂《じゃ》利《り》を運《はこ》びだしていた。海《うみ》の底《そこ》に岩《いわ》をならべ、そこに石《いし》を積《つ》む。島《しま》の礎《いしずえ》になる部分《ぶぶん》をつくり、そこに石《いし》や砂利《じゃり》を埋《う》めていく。陸地《りくち》の工事《こうじ》とはちがって、危険《きけん》なことが多《おお》いし、海《うみ》が少《すこ》し荒《あ》れると、工事《こうじ》ははかどらなかった。

海《うみ》のなかに石《いし》を積《つ》んでも、台風《たいふう》がくると一晩《ひとばん》で積《つ》んだ石《いし》をくずしてしまうことがあった。なかなか進《すす》まない工事《こうじ》に、人柱《ひとばしら》を立《た》てたほうがよいと進言《しんげん》する人《ひと》がたくさんいた。人柱《ひとばしら》は、川《かわ》に橋《はし》をかけたり、山《やま》に道《みち》をつくるときに、よくおこなわれた。生《い》きた人間《にんげん》を川《かわ》のなかや地中《ちちゅう》に埋《う》めて、工事《こうじ》が順調《じゅんちょう》に進《すす》むことを祈《いの》る。

清盛《きよもり》は、そうした迷信《めいしん》は信《しん》じない人間《にんげん》だった。そのため大輪田泊《おおわだのとまり》の工事《こうじ》をはじめるときも、人柱《ひとばしら》など立《た》てようとはしなかった。

しかし工事《こうじ》を進《すす》めていくと、人柱《ひとばしら》を立《た》てないといつか大事故《だいじこ》が起《お》きる、港《みなと》は完成《かんせい》しない、といううわさが広《ひろ》まった。不安《ふあん》なので工事《こうじ》の手伝《てつだ》いをやめるという人《ひと》もでてきた。人柱《ひとばしら》など立《た》てなくても工事《こうじ》はうまくいく、と清盛《きよもり》が熱心《ねっしん》に説《と》いても納得《なっとく》してもらえなかった。平《へい》安時代《あんじだい》の人《ひと》の心《こころ》は、迷信《めいしん》や祟《たた》りというものに強《つよ》くしばられていたのだ。

そこで清盛《きよもり》は、こんな考《かんが》えを思《おも》いついた。

「みんなの不安《ふあん》はよくわかった。わしは、人柱《ひとばしら》は立《た》てない。そのかわりに、海《うみ》に沈《しず》める石《いし》、一《ひと》つ一《ひと》つにお経《きょう》を書《か》きこもう。それなら、不安《ふあん》をもっている人《ひと》たちも、安心《あんしん》してくれるにちがいない」

清盛《きよもり》はたくさんの石《いし》にお経《きょう》を書《か》いた。お経《きょう》を書《か》いた石《いし》を舟《ふね》に積《つ》んで、僧《そう》が読経《どきょう》するなかでその舟《ふね》を海《うみ》に沈《しず》めた。やっと人《ひと》びとの不安《ふあん》と迷《まよ》いは消《き》えた。工事《こうじ》はどんどん進《すす》んでいった。

平氏《へいし》は、清盛《きよもり》の父《ちち》、忠盛《ただもり》のころから、瀬戸内海《せとないかい》の海運《かいうん》のしごとを熱心《ねっしん》にやっていた。忠《ただ》盛《もり》は貿易《ぼうえき》にも目《め》をつけ、宋《そう》との貿易《ぼうえき》もはじめた。北九州地方《きたきゅうしゅうちほう》に進出《しんしゅつ》していた忠盛《ただもり》は、そこで宋《そう》との貿易《ぼうえき》をほとんどひとり占《じ》めにしていた。受《う》けついだ清盛《きよもり》も、父《ちち》に負《ま》けないくらい熱心《ねっしん》に貿易《ぼうえき》をやってきた。

この時代《じだい》、外国《がいこく》と貿易《ぼうえき》をする人《ひと》はわずかだった。貴族《きぞく》たちは、迷信《めいしん》など古《ふる》い考《かんが》えにとりつかれていて、外国人《がいこくじん》と会《あ》っただけで不幸《ふこう》になると考《かんが》える人《ひと》が多《おお》かった。だから外国人《がいこくじん》とつきあったり、外国《がいこく》と交易《こうえき》するなど、もってのほかで、だれもやろうとしなかった。

大輪田泊《おおわだのとまり》は都《みやこ》にも近《ちか》いし、日本《にほん》の真《ま》ん中《なか》に近《ちか》いところにある。清盛《きよもり》は、ここを平氏《へいし》の港《みなと》とし、港《みなと》に近《ちか》い福原《ふくはら》を平氏《へいし》の都《みやこ》にしたいと考《かんが》えていた。船《ふね》が自由《じゆう》に出入《でい》りし、人《ひと》や荷《に》が多《おお》くあつまる福原《ふくはら》はきっと栄《さか》えるだろう。

人工島《じんこうとう》をつくる工事《こうじ》は進《すす》んでいった。お経《きょう》を書《か》いた石《いし》を沈《しず》め礎《いしずえ》としたので、その島《しま》は「経《きょう》が島《しま》」と呼《よ》ばれるようになった。

工事《こうじ》は終《お》わり、大輪田泊《おおわだのとまり》はりっぱな港《みなと》となった。外国《がいこく》の大型船《おおがたせん》がつぎつぎに入《はい》ってくる。九州《きゅうしゅう》や四国《しこく》、中国地方《ちゅうごくちほう》からも、その地《ち》の品《しな》を積《つ》んだ船《ふね》が瀬戸内海《せとないかい》をとおってやってきた。

清盛《きよもり》は港《みなと》だけでなく、海上交通路《かいじょうこうつうろ》を開《ひら》くことにも力《ちから》をいれた。瀬戸内海《せとないかい》の広島県《ひろしまけん》に「音《おん》戸《ど》の瀬戸《せと》」と呼《よ》ばれる場所《ばしょ》がある。瀬戸《せと》とは幅《はば》のせまい海峡《かいきょう》のことだ。広島県呉市《ひろしまけんくれし》と倉橋《くらはし》島《じま》のあいだにあって、全長《ぜんちょう》は約《やく》八百メートルある。最初《さいしょ》そこはとてもせまい海峡《かいきょう》で、海流《かいりゅう》も速《はや》い難所《なんしょ》だったので、通《とお》れる船《ふね》は限《かぎ》られていた。

清盛《きよもり》はその海峡《かいきょう》の幅《はば》をひろげ、大《おお》きな船《ふね》も通過《つうか》できるようにした。清盛《きよもり》は、海峡《かいきょう》にあった危険《きけん》な岩礁《がんしょう》を取《と》りのぞき、海岸《かいがん》の山《やま》に航路《こうろ》の目印《めじるし》を立《た》てるなどの整備《せいび》をしたのだ。こうしたことを考《かんが》えついて実行《じっこう》するのは、当時《とうじ》の貴族《きぞく》や武士《ぶし》にはなかったことだ。

日本
大輪田泊《おおわだのとまり》
京
太宰府《だざいふ》
宋《そう》

11章《しょう》 ❖ 鹿《しし》ケ谷《がたに》のはかりごと

「いつのまにか、清盛《きよもり》は大《おお》きくなりすぎた。もし徳子《とくこ》に皇子《おうじ》が生《う》まれ、その皇子《おうじ》が天皇《てんのう》になったとしたら、どうなるのか」

後白河法皇《ごしらかわほうおう》は不安《ふあん》な顔《かお》でつぶやいた。一一七七（治承元《じしょうがん》）年《ねん》のことである。

保元《ほうげん》の乱《らん》から二十一年《ねん》、後白河法皇《ごしらかわほうおう》は清盛《きよもり》とともにあゆんできた。平治《へいじ》の乱《らん》でも清盛《きよもり》のはたらきに助《たす》けられた。清盛《きよもり》は法皇《ほうおう》をささえ、法皇《ほうおう》は清盛《きよもり》を引《ひ》きたて、ふたりでやってきた。ときには意見《いけん》が異《こと》なったり、反発《はんぱつ》したこともあった。けれど親《した》しく仲《なか》よくやってきたのだ。

「いまに清盛《きよもり》は、藤原摂関家《ふじわらせっかんけ》に代《か》わって政治《せいじ》の実権《じっけん》をにぎるのではないか。恐《おそ》ろしいことだ」

法皇《ほうおう》は深《ふか》いため息《いき》をついた。

いまや平氏《へいし》は、日本全体《にほんぜんたい》の半分《はんぶん》ほどの国《くに》をおさめている。どんどん大《おお》きな権力《けんりょく》をもつようになった清盛《きよもり》と平氏《へいし》に対《たい》し、貴族《きぞく》たちの多《おお》くも法皇《ほうおう》とおなじ恐《こわ》さを感《かん》じていた。貴族《きぞく》のなかで、とくに平氏《へいし》に強《つよ》い反感《はんかん》と憎《にく》しみをもっていたのは、大納言《だいなごん》の藤原成親《ふじわらのなりちか》だった。

成親《なりちか》の妹《いもうと》は、平重盛《たいらのしげもり》の妻《つま》で、娘《むすめ》は重盛《しげもり》の長男《ちょうなん》にとついでいる。しかし成親《なりちか》は、平氏《へいし》や重《しげ》盛《もり》に強《つよ》いうらみをもっていた。成親《なりちか》がずっとほしかった官職《かんしょく》、近衛大将《このえたいしょう》（御所《ごしょ》を守《まも》る近衛《このえ》府《ふ》の長《ちょう》）を重盛《しげもり》にとられたからだ。

「重盛《しげもり》はわたしのしごとをうばっていった。平氏《へいし》は官職《かんしょく》を、すきかってにあたえたりもらったりしている」

そのころ朝廷《ちょうてい》に仕《つか》えるものには、どんな位《くらい》をもらい、どんな官職《かんしょく》につけるかが、重要《じゅうよう》なことだった。思《おも》っていた官職《かんしょく》につけないため、人《ひと》をうらみに思《おも》ったり呪《のろ》ったりすることはよくあった。

成親《なりちか》も平氏《へいし》が憎《にく》いという気持《きも》ちをしだいに高《たか》めていった。そして後白河法皇《ごしらかわほうおう》の側近《そっきん》で平《へい》氏《し》に反感《はんかん》をもつ人間《にんげん》に呼《よ》びかけ、平氏《へいし》をたおす計画《けいかく》をねりはじめた。

そのはかりごとに加《くわ》わったのは、成親《なりちか》、成経《なりつね》（成親《なりちか》の子《こ》）、西光法師《さいこうほうし》（藤原師光《ふじわらのもろみつ》）、法勝《ほっしょう》寺《じ》の僧《そう》・俊寛《しゅんかん》、近衛中将《このえちゅうじょう》・蓮浄入道《れんじょうにゅうどう》、山城守基兼《やましろのかみもとかね》、平康頼《たいらのやすより》たちだった。

彼《かれ》らは東山《ひがしやま》のふもと、鹿ヶ谷《ししがたに》にあった俊寛《しゅんかん》の別荘《べっそう》にあつまってひみつの相談《そうだん》をかさねていた。

一一七七（治承元《じしょうがん》）年《ねん》五月《がつ》二十九日《にち》の夜《よる》のおそい時間《じかん》。清盛《きよもり》と時子《ときこ》の京《きょう》の館《やかた》、西八条第《にしはちじょうてい》を、ひとりの武将《ぶしょう》がたずねてきた。北面《ほくめん》の武士《ぶし》として後白河法皇《ごしらかわほうおう》のもとではたらく源行綱《みなもとのゆきつな》だった。清盛《きよもり》が会《あ》うと、行綱《ゆきつな》は驚《おどろ》くようなことをいった。

「入道《にゅうどう》どの（出家《しゅっけ》した清盛《きよもり》の呼《よ》び名《な》）は、後白河法皇《ごしらかわほうおう》さまの近臣《きんしん》の人《ひと》たちが、武器《ぶき》と兵《へい》をあつめておられることをご存《ぞん》じでしょうか」

「それは、延暦寺《えんりゃくじ》の僧兵《そうへい》にそなえるためだと聞《き》いておるが」

「そうではございません。あつめている武器《ぶき》と兵《へい》は、平氏《へいし》を討《う》つためでございます」

清盛《きよもり》は目《め》をむいた。

「なにっ、それはほんとうか。で、だれとだれが武器《ぶき》と兵《へい》をあつめているのか」

藤原成親《ふじわらのなりちか》
平康頼《たいらのやすより》
成経《なりつね》
俊寛《しゅんかん》
西光法師《さいこうほうし》

「はい、西光《さいこう》さま、藤原成親卿《ふじわらのなりちかきょう》と成経《なりつね》さま、平康頼《たいらのやすより》さま、俊寛《しゅんかん》さま……」

行綱《ゆきつな》は、つぎつぎに鹿ヶ谷《ししがたに》にあつまっている人間《にんげん》の名《な》をあげていった。そしてどんな内《ない》容《よう》のことが話《はな》しあわれているかを、ぜんぶ打《う》ち明《あ》けた。

行綱《ゆきつな》は成親《なりちか》にさそわれて、そのはかりごとに加《くわ》わった。行綱《ゆきつな》の武将《ぶしょう》としての力《ちから》を買《か》われたのだ。けれど、鹿ヶ谷《ししがたに》の密議《みつぎ》に参加《さんか》しているうちに恐《おそ》ろしくなってきた。それで今夜《こんや》清《きよ》盛《もり》に知《し》らせようとやってきたのだ。

「行綱《ゆきつな》、法皇《ほうおう》さまもその話《はなし》をご存《ぞん》じなのか」

「はい、すべてご承知《しょうち》でございます」

清盛《きよもり》は、ただちに兵《へい》をあつめ、夜《よる》が明《あ》けると密議《みつぎ》に加《くわ》わった者《もの》を捕《と》らえていった。成親《なりちか》は白状《はくじょう》しなかったが、西光《さいこう》を問《と》いつめていくと、計画《けいかく》のすべてを話《はな》した。

西光《さいこう》の白状《はくじょう》をもとに、関係者《かんけいしゃ》をつぎつぎに捕《と》らえた。西光《さいこう》はその日《ひ》の夕方《ゆうがた》、六条河原《ろくじょうがわら》で首《くび》をはねられた。

成親《なりちか》の妹《いもうと》は重盛《しげもり》の妻《つま》だった。重盛《しげもり》の願《ねが》いで成親《なりちか》は死刑《しけい》をまぬがれ、備前国《びぜんのくに》へ流《なが》された。基仲《もとなか》は佐渡《さど》（新潟県《にいがたけん》）、基兼《もとかね》は伯耆国《ほうきのくに》、信房《のぶふさ》は阿波国《あわのくに》（徳島県《とくしまけん》）、資行《すけゆき》は美作国《みまさかのくに》へそれぞれ流《なが》された。成経《なりつね》、俊寛《しゅんかん》、平康頼《たいらのやすより》は、九州《きゅうしゅう》の孤島《ことう》、鬼界ヶ島《きかいがしま》に流《なが》された。

そのはかりごとに後白河法皇《ごしらかわほうおう》も関係《かんけい》していた。それを知《し》った清盛《きよもり》は、法皇《ほうおう》を捕《と》らえて幽閉《ゆうへい》しようとした。けれど重盛《しげもり》がそれに強《つよ》く反対《はんたい》して、清盛《きよもり》を涙《なみだ》ながらに説得《せっとく》した。それで清盛《きよもり》は思《おも》いとどまった。

鹿ヶ谷事件《ししがたにじけん》があった翌年《よくねん》、一一七八（治承《じしょう》二）年《ねん》六月《がつ》。宮中《きゅうちゅう》の中宮御所《ちゅうぐうごしょ》で、徳子《とくこ》の着帯《ちゃくたい》の儀式《ぎしき》（安産《あんざん》を祝《いわ》う儀式《ぎしき》）がおこなわれた。儀式《ぎしき》には、高倉天皇《たかくらてんのう》はもちろん、清盛《きよもり》、時子《ときこ》、重盛《しげもり》たち平氏《へいし》の者《もの》も列席《れっせき》していた。儀式《ぎしき》のあと、仁和寺《にんなじ》の守覚法親王《しゅかくほうしんのう》が安産《あんざん》のための加持《かじ》祈禱《きとう》をおこなった。

その日《ひ》、清盛《きよもり》は一日中《いちにちじゅう》笑顔《えがお》だった。徳子《とくこ》のおめでたを、長《なが》いあいだ待《ま》っていたのだ。それが入内《じゅだい》して六年目《ねんめ》になってかなった。あとは皇子《おうじ》の誕生《たんじょう》を待《ま》つだけだ。清盛《きよもり》は、厳島神社《いつくしまじんじゃ》に月参《つきまい》り（毎月必《まいつきかなら》ず参詣《さんけい》すること）をして、皇子《おうじ》が生《う》まれてくることを祈《いの》った。

やがて月《つき》が満《み》ちて、お産《さん》の場所《ばしょ》は六波羅《ろくはら》の池殿《いけどの》がえらばれた。十一月《がつ》十二日《にち》の夜《よる》、皇子《おうじ》が誕生《たんじょう》した。言仁親王《ときひとしんのう》である。

「よかった、よかった」

清盛《きよもり》は時子《ときこ》と手《て》をとりあってよろこんだ。

皇子《おうじ》は病気《びょうき》もなく育《そだ》った。満《まん》一歳《さい》になった皇子《おうじ》が、西八条第《にしはちじょうてい》の館《やかた》をたずねてきた。清盛《きよもり》は、皇子《おうじ》をだいたまま、一日中《いちにちじゅう》離《はな》そうとしなかった。だかれた皇子《おうじ》も、清盛《きよもり》のことをいやがらず、にこにこしていた。

皇子《おうじ》をだいて歩《ある》いていると、皇子《おうじ》は指《ゆび》につばをつけて障子《しょうじ》に穴《あな》をあけた。すると、清盛《きよもり》が「ここにも」と教《おし》えた。すると教《おし》えられたところに、また穴《あな》をあけた。

清盛《きよもり》は感《かん》きわまって涙《なみだ》を流《なが》して、そばの者《もの》にいった。

「この障子《しょうじ》はとても貴重《きちょう》なものだ。はずして蔵《くら》の奥《おく》にたいせつにしまっておけ」

皇子《おうじ》がすくすくと育《そだ》っていくのを、清盛《きよもり》はだれよりもよろこんでいた。

12章《しょう》 ❖ 立《た》ちあがった源氏《げんじ》

徳子《とくこ》が皇子《おうじ》を産《う》んだつぎの年《とし》、一一七九（治承《じしょう》三）年《ねん》は不幸《ふこう》があいついで清盛《きよもり》をおそった。

さいしょは、三女《じょ》の盛子《もりこ》が六月《がつ》に二十四歳《さい》で亡《な》くなったことだ。盛子《もりこ》は九歳《さい》で、摂政《せっしょう》だった藤原基実《ふじわらのもとざね》にとついだ。摂関家《せっかんけ》は、貴族《きぞく》のなかではいちばん位《くらい》の高《たか》い家柄《いえがら》だった。娘《むすめ》が摂関家《せっかんけ》にとついで、貴族《きぞく》と親《しん》せきになった。けれど二年後《ねんご》に、摂政《せっしょう》の基実《もとざね》が急死《きゅうし》したのだ。それから盛子《もりこ》はずっと、藤原摂関家《ふじわらせっかんけ》の領地《りょうち》を一手《いって》に管理《かんり》する役《やく》をしてきた。その盛子《もりこ》が、二十四歳《さい》の短《みじか》い一生《いっしょう》をおえたのだった。

盛子《もりこ》が死《し》んだ悲《かな》しみがまだ消《き》えない翌月《よくげつ》、七月《がつ》二十九日《にち》に清盛《きよもり》の長男《ちょうなん》、重盛《しげもり》が亡《な》くなった。

重盛《しげもり》の体調《たいちょう》が悪《わる》くなったのは、その年《とし》の春《はる》のことだった。全身《ぜんしん》から力《ちから》がぬけ、食欲《しょくよく》もなくなった。みるみる体《からだ》が弱《よわ》っていった。心配《しんぱい》した清盛《きよもり》が見舞《みま》うと、重盛《しげもり》は笑《わら》いながら元気《げんき》にいった。

「ご案《あん》じめされますな、すぐによくなりますから」

「だいじにしてくれよ。そのほうには、わしに代《か》わって平氏《へいし》を引《ひ》っぱっていく役目《やくめ》があるのだからな」

「ようくわかっております」

清盛《きよもり》は有名《ゆうめい》な医師《いし》をあつめ、全力《ぜんりょく》で治療《ちりょう》をほどこした。効《き》き目《め》のありそうな薬《くすり》をもとめてあたえた。けれど重盛《しげもり》の体《からだ》は、日《ひ》に日《ひ》に衰《おとろ》えていった。

そして七月《がつ》二十九日《にち》の朝《あさ》、平重盛《たいらのしげもり》は死《し》んだ。四十二歳《さい》だった。

重盛《しげもり》は、健全《けんぜん》な判断力《はんだんりょく》のある人間《にんげん》だった。清盛《きよもり》と後白川法皇《ごしらかわほうおう》とは、いつもきびしく対立《たいりつ》していた。重盛《しげもり》はふたりのあいだに入《はい》り、その力関係《ちからかんけい》をゆるめ、やわらげる役目《やくめ》を果《は》たしてきた。鹿ヶ谷事件《ししがたにじけん》のときも、後白河法皇《ごしらかわほうおう》を幽閉《ゆうへい》しようとした清盛《きよもり》を、けんめいにいさめ

て思《おも》いとどまらせた。

重盛《しげもり》は、清盛《きよもり》とはちがい、おだやかで公正《こうせい》な感覚《かんかく》をもっていた。それで朝廷《ちょうてい》の公卿《くぎょう》たちからも信頼《しんらい》されていたのだ。

平治《へいじ》の乱《らん》では、重盛《しげもり》のはたらきはすばらしかった。清盛《きよもり》ら平氏一族《へいしいちぞく》が熊野詣《くまのもう》でに出《で》たすきに、信頼《のぶより》や義朝《よしとも》たちがクーデター（武力《ぶりょく》で政権《せいけん》をうばいとること）を起《お》こした。清盛《きよもり》は弱気《よわき》になり、いったん西国《さいごく》へにげ、兵《へい》をととのえてから攻《せ》めようといった。そのとき重盛《しげもり》は、いまここで都《みやこ》にもどって戦《たたか》わないと、源氏《げんじ》にやられてしまうと清盛《きよもり》に進言《しんげん》した。それで清盛《きよもり》は決断《けつだん》し、まっしぐらに京《きょう》にかけもどった。そして、形勢《けいせい》をひっくり返《かえ》した。このときの重盛《しげもり》のすばらしい判断《はんだん》が、平氏《へいし》を救《すく》ったのだ。

その重盛《しげもり》が死《し》んでしまった。遺体《いたい》は法勝寺《ほっしょうじ》に葬《ほう》むられた。

清盛《きよもり》の心《こころ》には大《おお》きな穴《あな》がぽっかりとあいた。

その年《とし》の秋《あき》、また清盛《きよもり》が顔《かお》をくもらせるできごとがあった。六月《がつ》に亡《な》くなった盛子《もりこ》の養《よう》子《し》、藤原基通《ふじわらのもとみち》が任命《にんめい》されるはずだった権中納言《ごんちゅうなごん》に、わずか八歳《さい》の藤原師家《ふじわらもろいえ》がなったのだ。

後白河法皇《ごしらかわほうおう》は平氏《へいし》の血縁《けつえん》をしめだそうとしていた。

その知《し》らせを聞《き》いて、清盛《きよもり》はうなった。

「法皇《ほうおう》さまは、平氏《へいし》を徹底的《てっていてき》にいじめ、押《お》さえつけようとしている」

負《ま》けてはいないぞ。清盛《きよもり》の胸《むね》に、戦《たたか》う強《つよ》い気持《きも》ちがわき起《お》こってきた。

後白河法皇《ごしらかわほうおう》は、死《し》んだ娘《むすめ》の盛子《もりこ》が管理《かんり》していた領地《りょうち》と財産《ざいさん》を、ぜんぶ取《と》りあげ、自分《じぶん》のものとした。亡《な》くなった重盛《しげもり》の越前国《えちぜんのくに》の領地《りょうち》も取《と》りあげてしまった。そして、こんどは関《かん》白基房《ぱくもとふさ》が自分《じぶん》の子《こ》、師家《もろいえ》を権中納言《ごんちゅうなごん》に任《にん》じた。清盛《きよもり》のかんにん袋《ぶくろ》の尾《お》は切《き》れた。

「後白河法皇《ごしらかわほうおう》には、もうなにをいってもだめだ。武力《ぶりょく》でいうことを聞《き》いてもらうしかない」

そう清盛《きよもり》は考《かんが》えた。

十一月《がつ》十四日《か》、福原《ふくはら》にいた清盛《きよもり》は数千騎《すうき》の兵《へい》をひきいて、とつぜん上京《じょうきょう》した。

都《みやこ》の人《ひと》びとは驚《おどろ》いた。そして戦《いくさ》に巻《ま》きこまれないよう、家財道具《かざいどうぐ》をまとめて都《みやこ》からにげだす人《ひと》もいた。御所《ごしょ》にいた公卿《くぎょう》たちもふるえあがった。

清盛《きよもり》は、関白《かんぱく》の基房《もとふさ》をやめさせ、近衛基通《このえもとみち》を関白《かんぱく》に任《にん》じた。法皇《ほうおう》には、政治《せいじ》の仕事《しごと》からは一切手《いっさいて》を引《ひ》くと約束《やくそく》させた。

法皇《ほうおう》に近《ちか》い臣《しん》、三十九名《めい》が官職《かんしょく》を取《と》りあげられた。そのかわりに平氏一門《へいしいちもん》や平氏《へいし》に協力《きょうりょく》する公卿《くぎょう》をそれらの役《やく》につけた。

後白河法皇《ごしらかわほうおう》は鳥羽殿《とばどの》に幽閉《ゆうへい》した。「これからはもう二度《にど》とこのようなことはしない」と法皇《ほうおう》は許《ゆる》しをこうたが、清盛《きよもり》は無視《むし》した。こうして清盛《きよもり》は、武力《ぶりょく》によって政治《せいじ》の全権《ぜんけん》をにぎった。このの ち、平氏《へいし》が国司《こくし》となっておさめる国《くに》がふえた。

つぎの年《とし》、一一八〇（治承四《じしょう》）年《ねん》二月《がつ》、清盛《きよもり》は高倉天皇《たかくらてんのう》を退位《たいい》させ、三歳《さい》の言仁親王《ときひとしんのう》を即位《そくい》させた。安徳天皇《あんとくてんのう》である。清盛《きよもり》の孫《まご》が天皇《てんのう》となった。清盛《きよもり》や平氏一族《へいしいちぞく》にとって、こんなうれしいできごとはなかった。六波羅《ろくはら》の館《やかた》にも、西八条第《にしはちじょうてい》にも、祝《いわ》う人《ひと》たちがあふれた。

高倉天皇《たかくらてんのう》は上皇《じょうこう》となり、院政《いんせい》をはじめた。といっても高倉上皇《たかくらじょうこう》の院政《いんせい》は形《かたち》だけのもので、じっさいは清盛《きよもり》が政治《せいじ》をおこなっていた。

清盛《きよもり》は頂《いただき》に上《のぼ》りつめた。しかし頂《いただき》に上《あ》がると、あとは下《くだ》るだけだった。

平氏《へいし》に、黒《くろ》い影《かげ》がかかりはじめた。

退位《たいい》した高倉上皇《たかくらじょうこう》は、上皇《じょうこう》になったことを報告《ほうこく》する最初《さいしょ》の参詣《さんけい》を厳島神社《いつくしまじんじゃ》でおこなった。

厳島神社《いつくしまじんじゃ》は平氏《へいし》の氏神《うじがみ》である。この参詣《さんけい》に対《たい》して、疑問《ぎもん》をもつ人《ひと》や批判《ひはん》する人《ひと》が多《おお》くいた。

「退位後《たいいご》のこんな参詣《さんけい》は前例《ぜんれい》がないぞ。初《はじ》めての参詣《さんけい》は、石清水八幡宮《いわしみずはちまんぐう》、賀茂神社《かもじんじゃ》、春日《かすが》大社《たいしゃ》のいずれかに参《まい》るのが慣《なら》わしではないか」

「清盛《きよもり》のさしずだろうが、ほかの神社《じんじゃ》がだまってないだろう」

このことに、清盛《きよもり》と手《て》を結《むす》んでいた延暦寺《えんりゃくじ》、園城寺《おんじょうじ》、興福寺《こうふくじ》、東大寺《とうだいじ》などの大《おお》きな寺《てら》が怒《おこ》った。平氏《へいし》に強《つよ》い反感《はんかん》をもち、こののち離《はな》れていくことになる。

都《みやこ》の貴族社会《きぞくしゃかい》にただひとり、源氏《げんじ》の武将《ぶしょう》が生《い》きていた。七十七歳《さい》の源頼政《みなもとのよりまさ》である。頼政《よりまさ》は、平治《へいじ》の乱《らん》で義家軍《よしいえぐん》に協力《きょうりょく》しなかったため、清盛《きよもり》に信用《しんよう》された。そのあともたくみに世《よ》を生《い》きて、従三位《じゅさんみ》という位《くらい》についていた。

頼政《よりまさ》は、世《よ》の人《ひと》びとの平氏《へいし》への反感《はんかん》が大《おお》きくなっていることを知《し》った。平氏《へいし》をたおすために立《た》ちあがるときだと思《おも》った。それを以仁王《もちひとおう》に話《はな》した。

「平氏《へいし》の世《よ》は長《なが》くつづきません。いま以仁王《もちひとおう》さまが令旨《りょうじ》(皇太子《こうたいし》や皇子《おうじ》が命令《めいれい》を伝《つた》える文書《ぶんしょ》)を発《はっ》しなされれば、日本中《にほんじゅう》の源氏《げんじ》が立《た》ちあがります。そうすれば平氏《へいし》をたおして、天下《てんか》を取《と》ることができます」

以仁王《もちひとおう》は、後白河法皇《ごしらかわほうおう》の第《だい》二皇子《おうじ》として生《う》まれたのだが、親王《しんのう》にしてもらえなかった。三十歳《さい》になっても、皇位《こうい》と無縁《むえん》のところで生《い》きていた。頼政《よりまさ》にいまだといわれて、その気《き》になってしまった。

「よし、わたしが平氏《へいし》をたおす先頭《せんとう》に立《た》とう」

以仁王《もちひとおう》から令旨《りょうじ》をもらった頼政《よりまさ》は、源行家《みなもとのゆきいえ》にたのんで、諸国《しょこく》の源氏《げんじ》にくばってもらうようにした。ところが頼政《よりまさ》らの行動《こうどう》は、清盛《きよもり》に知《し》られてしまった。

頼政《よりまさ》と以仁王《もちひとおう》は、奈良《なら》ににげた。興福寺《こうふくじ》の僧兵《そうへい》が助《たす》けてくれると約束《やくそく》していたからだ。

平氏軍《へいしぐん》はふたりの動《うご》きを知《し》り、奈良《なら》に行《い》く手前《てまえ》の宇治《うじ》で彼《かれ》らを捕《と》らえた。

頼政《よりまさ》は最後《さいご》の力《ちから》をふりしぼって戦《たたか》ったが、力《ちから》つき、宇治平等院《うじびょうどういん》で自害《じがい》した。以仁王《もちひとおう》は奈良《な》へにげるとちゅう、平氏《へいし》の流《なが》れ矢《や》にあたって死《し》んだ。

その四日後《よっかご》、清盛《きよもり》は世《よ》の人《ひと》びとが驚《おどろ》くようなことを発表《はっぴょう》した。「都《みやこ》を京《きょう》から福原《ふくはら》へ移《うつ》す」という計画《けいかく》である。そして、安徳天皇《あんとくてんのう》、高倉上皇《たかくらじょうこう》、後白河法皇《ごしらかわほうおう》、お供《とも》をする公卿《くぎょう》たちの一《いち》団《だん》が福原《ふくはら》にむかった。

都《みやこ》を移《うつ》すといっても、あたらしい都《みやこ》はできあがっていない。まず京《きょう》を出《で》て、それからどこかいい場所《ばしょ》に新都《しんと》を建設《けんせつ》しようという、とても乱暴《らんぼう》な計画《けいかく》だった。けれど福原《ふくはら》のあたりは、六甲山《ろっこうさん》が海岸《かいがん》にせまっていて、広《ひろ》い平地《へいち》をとることができない。京《きょう》のような大《おお》きな都《みやこ》

はつくれない。和田《わだ》（輪田《わだ》）の案《あん》、昆陽野《こやの》の案《あん》と候補《こうほ》はあがったが決《き》まらなかった。

都《みやこ》はできないので、そのあいだ、朝廷《ちょうてい》のだいじな儀式《ぎしき》はできない。京《きょう》の貴族《きぞく》も全員移《ぜんいんうつ》れないので、人《ひと》びとの不満《ふまん》はつのってきた。天皇《てんのう》、上皇《じょうこう》、おもだった公卿《くぎょう》はいないので、京《きょう》はどんどんさびれていった。

清盛《きよもり》の次男《じなん》、宗盛《むねもり》や、妻《つま》の時子《ときこ》の弟《おとうと》、時忠《ときただ》らも、公然《こうぜん》と都《みやこ》を京《きょう》にもどそうと主張《しゅちょう》するようになった。さらに、延暦寺《えんりゃくじ》の僧兵《そうへい》たちが大《おお》きな声《こえ》をあげた。

「福原《ふくはら》の都《みやこ》をやめて、京《きょう》にもどれ。そうしないのなら、われらは山城《やましろ》（京都府《きょうとふ》）と近江《おうみ》（滋賀県《しがけん》）の両国《りょうこく》を占領《せんりょう》してしまうぞ」

だれもが京《きょう》にもどることを願《ねが》うようになった。

結局《けっきょく》、都《みやこ》を移《うつ》すことは無理《むり》だった。十一月《がつ》、天皇《てんのう》や上皇《じょうこう》ら一行《いっこう》は都《みやこ》に帰《かえ》ることになった。

福原遷都《ふくはらせんと》の夢《ゆめ》は百七十日《にち》で消《き》えた。

13章《しょう》 ❖ 清盛《きよもり》の最期《さいご》

清盛《きよもり》が都《みやこ》を移《うつ》すことに精力《せいりょく》をそそいでいるあいだに、地方《ちほう》では平氏《へいし》の土台《どだい》をゆさぶるようなできごとが東国《とうごく》で起《お》きていた。

一一八〇（治承《じしょう》四）年《ねん》八月《がつ》十七日《にち》、伊豆《いず》に流《なが》されていた源頼朝《みなもとのよりとも》が挙兵《きょへい》した。三十四歳《さい》だった。初《はじ》めての合戦《かっせん》、石橋山《いしばしやま》の戦《たたか》いで頼朝《よりとも》はやぶれた。敗北《はいぼく》ののち、箱根《はこね》の山中《さんちゅう》にかくれていた頼朝《よりとも》は、房州《ぼうしゅう》（千葉県《ちばけん》）にのがれた。

房州《ぼうしゅう》にのがれた頼朝《よりとも》のもとには、かつて源氏《げんじ》の恩《おん》を受《う》けたものがつぎつぎにあつまってきた。東国《とうごく》の武士《ぶし》たちは、力《ちから》があり、自分《じぶん》たちの利益《りえき》をまもってくれるあたらしい指導者《しどうしゃ》をもとめていたのだ。頼朝《よりとも》は義家《よしいえ》の子孫《しそん》であり、総大将《そうだいしょう》としてあおぐのにふさわしい血筋《ちすじ》の武将《ぶしょう》だった。わずかの兵《へい》と房州《ぼうしゅう》にのがれて四十日後《にちご》のこと。十月六日《がつむいか》に、頼朝《よりとも》は鎌倉《かまくら》にすがたをあらわした。このとき、したがう兵《へい》は三万《まん》にふえていた。

少《すこ》し前《まえ》の九月七日《がつなのか》には信濃《しなの》（長野県《ながのけん》）で、源義仲《みなもとのよしなか》も挙兵《きょへい》していた。

頼朝《よりとも》の挙兵《きょへい》を知《し》った清盛《きよもり》は、それをだまって見《み》ていたわけではない。九月五日《がついつか》に後白河《ごしらかわ》法皇《ほうおう》から「頼朝追討《よりともついとう》」の宣旨《せんじ》（命令《めいれい》）を受《う》け取《と》り、平維盛《たいらのこれもり》を総大将《そうだいしょう》とする追討軍《ついとうぐん》を東国《とうごく》に派遣《はけん》することにした。

しかし、西日本《にしにほん》をおそった飢饉《ききん》のため、兵《へい》や食糧《しょくりょう》があつまらなかった。追討軍《ついとうぐん》がととのって出陣《しゅつじん》できたのは、宣旨《せんじ》がでてから一ヵ月以上《げついじょう》たっていた。

追討軍《ついとうぐん》は、頼朝《よりとも》の軍《ぐん》がいる富士川《ふじがわ》（静岡県《しずおかけん》）に着《つ》いた。両軍《りょうぐん》が陣《じん》をしいて向《む》かいあったのは、富士川《ふじがわ》の河口《かこう》あたりだった。前日《ぜんじつ》の夜《よる》のことだ。頼朝方《よりともがた》の武田信義《たけだのぶよし》の兵《へい》は、平氏軍《へいしぐん》の背後《はいご》にまわろうとしていた。そのとき、兵《へい》の気配《けはい》に驚《おどろ》いた数万羽《すうまんわ》の水鳥《みずとり》が、いっせいに浅瀬《あさせ》から飛《と》び立《た》った。数万《すうまん》の鳥《とり》が舞《ま》いあがる音《おと》は、大《おお》きな雷《かみなり》がとどろくような音《おと》だった。

平氏軍《へいしぐん》の兵《へい》は、敵《てき》の大軍《たいぐん》が奇襲《きしゅう》をかけ、攻《せ》めてきたと思《おも》った。それで平氏《へいし》の陣《じん》は大混乱《だいこんらん》

となり、だれもがあわをくってにげだした。平氏軍《へいしぐん》は戦《たたか》いのはじまる前《まえ》に敗走《はいそう》したのだ。にげ帰《かえ》った追討軍《ついとうぐん》のことを聞《き》いて、清盛《きよもり》は怒《おこ》った。

「お前《まえ》たちはそれでも武士《ぶし》か。戦《たたか》わないでにげてくるとは、ああ情《なさ》けない。平氏《へいし》の恥《はじ》をのちの世《よ》にまでさらすことになるではないか」

しかし、京《きょう》で生《う》まれて育《そだ》った平氏《へいし》の武将《ぶしょう》は、貴族《きぞく》の生活《せいかつ》は知《し》っていた。けれど、武士本来《ぶしほんらい》の、無骨《ぶこつ》なたくましさ、強《つよ》さはもっていなかった。きびしい戦《いくさ》を勝《か》ちぬいていく気力《きりょく》もなかった。

頼朝追討軍《よりともついとうぐん》がやぶれて京《きょう》ににげ帰《かえ》ったことは、すぐに各地《かくち》に伝《つた》わった。平氏《へいし》をきらう者《もの》、源氏《げんじ》を応援《おうえん》する者《もの》を勇気《ゆうき》づけた。東国《とうごく》だけでなく、西国《さいごく》でも九州《きゅうしゅう》でも平氏打倒《へいしだとう》の兵《へい》をあげる者《もの》がいた。

一一八〇（治承《じしょう》四）年《ねん》十二月《がつ》のこと、奈良興福寺《ならこうふくじ》の僧兵《そうへい》たちは、「京《きょう》で源氏《げんじ》と平氏《へいし》の戦《いくさ》があれば、われらは源氏《げんじ》といっしょになって戦《たたか》う」と声高《こわだか》で発言《はつげん》をした。日《ひ》ごとに興福寺《こうふくじ》の僧兵《そうへい》たちは、平氏《へいし》のことを悪《わる》くいうようになった。

がまんできなくなった清盛《きよもり》は、興福寺《こうふくじ》の僧兵《そうへい》を押《お》さえるため、軍《ぐん》を派遣《はけん》した。清盛《きよもり》の五《ご》男《なん》、平重衡《たいらのしげひら》が総大将《そうだいしょう》となった。

平氏《へいし》の軍勢《ぐんぜい》四万《まん》は、南都《なんと》の僧兵《そうへい》六万《まん》と戦《たたか》った。ふたつの街道《かいどう》での戦《いくさ》を突破《とっぱ》した平氏軍《へいしぐん》は、市中《しちゅう》になだれこんだ。そして民家《みんか》に放《はな》った火《ひ》が市中《しちゅう》に燃《も》え広《ひろ》がり、寺院《じいん》にせまった。そして興福寺《こうふくじ》を焼《や》き、飛《と》び火《ひ》して東大寺《とうだいじ》まで焼《や》いてしまった。

僧兵《そうへい》との戦《いくさ》には勝《か》ったが、興福寺《こうふくじ》、東大寺《とうだいじ》の焼《や》き打《う》ちは、平氏《へいし》への反感《はんかん》をとても大《おお》きなものにした。興福寺《こうふくじ》は藤原氏《ふじわらし》が敬《うやま》ってきた寺《てら》で、東大寺《とうだいじ》は皇室《こうしつ》と結《むす》びつきが深《ふか》い寺《てら》だった。貴族《きぞく》も一般《いっぱん》の人《ひと》も、だれもが平氏《へいし》をきらうようになっていた。

年《とし》が明《あ》けた。一一八一（治承《じしょう》五）年《ねん》一月《がつ》十四日《か》、高倉上皇《たかくらじょうこう》が亡《な》くなった。

翌月《よくげつ》、清盛《きよもり》は高《たか》い熱《ねつ》の病気《びょうき》にかかった。高《たか》い熱《ねつ》はどんな手当《てあ》てをしても下《さ》がらず、清盛《きよもり》をくるしめた。

発病《はつびょう》の日《ひ》から、のどがかわいても清盛《きよもり》は水《みず》がのどをとおらない。体《からだ》は、なかで火《ひ》を焚《た》いているように熱《あつ》かった。はなれたところからでも、体《からだ》が猛烈《もうれつ》に熱《あつ》いのを感《かん》じた。

清盛《きよもり》はただ「あた、あた（熱《あつ》い、熱《あつ》い）」といってくるしみ、もだえていた。体《からだ》の熱《ねつ》を冷《さ》まそうと、比叡山《ひえいざん》の井戸《いど》から冷《つめ》たい水《みず》を汲《く》んできた。その冷水《れいすい》を石《いし》の桶《おけ》にいっぱい入《い》れて、清盛《きよもり》の体《からだ》をつけた。すると冷水《れいすい》はたちまち湯《ゆ》になって、煮《に》えたぎった。楽《らく》にしようと、筧《かけひ》の水《みず》を引《ひ》いてきて体《からだ》にかけた。すると、水《みず》は熱湯《ねっとう》になってはじけ、まるで焼《や》け石《いし》か焼《や》けた鉄《てつ》に水《みず》をかけているようだった。たまに体《からだ》にぶつかった水《みず》は炎《ほのお》となって燃《も》えるので、殿中《でんちゅう》は黒《くろ》い煙《けむり》でいっぱいになった。

古《ふる》い書物《しょもつ》には、清盛《きよもり》の病気《びょうき》のようすをこのように書《か》いている。誇張《こちょう》して書《か》いているようだが、清盛《きよもり》はそれほど高熱《こうねつ》にくるしんだのだった。

閏《うるう》二月二日《がつふつか》、平氏一門《へいしいちもん》の主《おも》だった者《もの》が清盛《きよもり》の枕元《まくらもと》にあつまった。話《はなし》があるという。けれど清盛《きよもり》はすっかりおとろえている。話《はなし》などできるのかみんなは心配《しんぱい》していた。そして、清《きよ》盛《もり》が口《くち》をひらいた。

「わしの寿命《じゅみょう》はもうすぐつきる。そこで、そのほうらにたのみたいことがある」

落《お》ちついたよくとおる声《こえ》だった。その語気《ごき》の強《つよ》さに、みんなは驚《おどろ》き、姿勢《しせい》を正《ただ》した。

「よいか、そのほうらはしっかり生《い》きて、平氏《へいし》のこれからをまもれ。みなで力《ちから》をあわせ、平氏《へいし》を支《ささ》えよ」

「清盛《きよもり》さま」

「お館《やかた》さま」

みんなは唇《くちびる》をかみしめ、肩《かた》をふるわせた。

「死《し》んでいくわしの望《のぞ》みは、頼朝《よりとも》の首《くび》を見《み》ることじゃ。わしが死《し》んでも、りっぱな葬式《そうしき》や寺《てら》などいらぬ。そのかわり、平氏《へいし》がひとりとなっても頼朝《よりとも》と戦《たたか》うのだ。そして頼朝《よりとも》を討《う》ちとって、わしの墓《はか》に首《くび》をかけよ。それがわしへの供養《くよう》である。さらばじゃ」

いいおわると、清盛《きよもり》はぐったりとして目《め》をとじた。

二日後《ふつかご》の閏《うるう》二月四日《がつよっか》、清盛《きよもり》は息《いき》を引《ひ》きとった。平氏一門《へいしいちもん》をひきい、懸命《けんめい》に生《い》きた六十三年《ねん》の生涯《しょうがい》だった。

清盛《きよもり》が死《し》んだあと、源氏《げんじ》の勢《いきお》いは日《ひ》ましに強《つよ》くなっていく。平氏《へいし》は二年後《ねんご》に、源氏《げんじ》の軍勢《ぐんぜい》に攻《せ》められ、都《みやこ》から西《にし》に落《お》ちていった。九州《きゅうしゅう》から讃岐《さぬき》（香川県《かがわけん》）、福原《ふくはら》と移《うつ》る。けれど、源義経《みなもとのよしつね》を総大将《そうだいしょう》とする源氏軍《げんじぐん》は強《つよ》かった。福原《ふくはら》の平氏《へいし》を追《お》い出《だ》し、一《いち》の谷《たに》や屋島《やしま》の戦《たたか》いで平氏軍《へいしぐん》を破《やぶ》った。

さいごの戦《たたか》いは、清盛《きよもり》が亡《な》くなってから四年後《ねんご》のことだ。壇ノ浦《だんのうら》（山口県《やまぐちけん》）で源氏《げんじ》と戦《たたか》って、平氏《へいし》はついにほろびた。壇ノ浦《だんのうら》のさいご、時子《ときこ》は清盛《きよもり》の孫《まご》、安徳天皇《あんとくてんのう》を抱《だ》いて海《うみ》に沈《しず》んでいった。

平清盛《たいらのきよもり》の年表《ねんぴょう》

年代《ねんだい》	歳《とし》	清盛《きよもり》の行動《こうどう》
一一一八（元永元《げんえいがん》）年《ねん》	1	清盛《きよもり》、平忠盛《たいらのただもり》の長男《ちょうなん》として生《う》まれる。幼名《ようめい》は平太《へいた》。
一一二九（大治四《だいじ》）年	12	元服《げんぷく》する、従五位下佐兵衛佐《じゅごいのげさひょうえのすけ》に叙《じょ》せられる。石清水八幡宮《いわしみずはちまんぐう》の舞《ま》い人《びと》に選《えら》ばれる。父忠盛《ちちただもり》が瀬戸内海《せとないかい》の海賊《かいぞく》を征伐《せいばつ》する。
一一三二（長承元《ちょうしょうがん》）年	15	忠盛《ただもり》は内《うち》の昇殿《しょうでん》を許《ゆる》される。公卿《くぎょう》らは忠盛《ただもり》のやみ討《う》ちを企《くわだ》てる。
一一四五（久安元《きゅうあんがん》）年	28	平時子《たいらのときこ》と結婚《けっこん》する。
一一四七（久安三《きゅうあん》）年	30	祇園社《ぎおんしゃ》の社人《しゃじん》と争《あらそ》う。延暦寺《えんりゃくじ》の僧兵《そうへい》が強訴《ごうそ》するが、忠盛《ただもり》と清盛《きよもり》の父子《おやこ》は贖銅《しょくどう》三十斤《きん》の罰《ばつ》となる。
一一五二（仁平二《にんぺい》）年	35	安芸《あき》の厳島神社《いつくしまじんじゃ》の社殿《しゃでん》を修築《しゅうちく》する。
一一五三（仁平三《にんぺい》）年	36	忠盛《ただもり》は病気《びょうき》で亡《な》くなり、清盛《きよもり》が平氏《へいし》の棟梁《とうりょう》となる。
一一五六（保元元《ほうげんがん》）年	39	保元《ほうげん》の乱《らん》が起《お》きる。清盛《きよもり》は後白河天皇方《ごしらかわてんのうがた》で戦《たたか》い、勝利《しょうり》する。

※年齢《ねんれい》は数《かぞ》え年《どし》で示《しめ》しています。

一一五八（保元《ほうげん》三）年 41
後白河上皇《ごしらかわじょうこう》が院政《いんせい》をはじめる。

一一五九（平治元《へいじがん》）年 42
平治《へいじ》の乱《らん》が起《お》きる。平氏一門《へいしいちもん》は熊野詣《くまのもう》での途中《とちゅう》、都《みやこ》に引《ひ》き返《かえ》す。
清盛《きよもり》は藤原信頼《ふじわらののぶより》、源義朝《みなもとのよしとも》らと戦《たたか》って勝利《しょうり》する。

一一六〇（永暦元《えいれきがん》）年 43
清盛《きよもり》は正三位《しょうさんみ》、つづいて参議《さんぎ》となる。
源義朝《みなもとのよしとも》は尾張《おわり》で殺《ころ》され、頼朝《よりとも》は伊豆《いず》に流《なが》される。

一一六一（応保元《おうほうがん》）年 44
妻《つま》の妹《いもうと》、滋子《しげこ》が皇子憲仁親王《おうじのりひとしんのう》を出産《しゅっさん》する。

一一六四（長寛《ちょうかん》二）年 47
清盛《きよもり》と平氏一門《へいしいちもん》は法華経《ほけきょう》を書写《しょしゃ》して、厳島神社《いつくしまじんじゃ》に奉納《ほうのう》する（平家納経《へいけのうきょう》）。
崇徳上皇《すとくじょうこう》は讃岐《さぬき》で亡《な》くなる。

一一六七（仁安《にんあん》二）年 50
太政大臣《だじょうだいじん》・従一位《じゅいちい》となる。

一一六八（仁安《にんあん》三）年 51
清盛《きよもり》は大病《たいびょう》により出家《しゅっけ》する。憲仁皇太子《のりひとこうたいし》は高倉天皇《たかくらてんのう》となる。

一一七二（承安《じょうあん》二）年 55
娘《むすめ》の徳子《とくこ》は高倉天皇《たかくらてんのう》の中宮《ちゅうぐう》となる。

一一七三（承安《じょうあん》三）年 56
大輪田泊《おおわだのとまり》の改修工事《かいしゅうこうじ》をする。瀬戸内海《せとないかい》の海上交通路《かいじょうこうつうろ》を開《ひら》く。

一一七七（治承元《じしょうがん》）年

60 鹿ヶ谷《ししがたに》の平氏《へいし》打倒《だとう》の陰謀《いんぼう》が発覚《はっかく》する。

一一七八（治承《じしょう》二）年

61 徳子《とくこ》は皇子《おうじ》（のちの安徳天皇《あんとくてんのう》）を出産《しゅっさん》する。

一一七九（治承《じしょう》三）年

62 重盛《しげもり》が病死《びょうし》する。清盛《きよもり》は福原《ふくはら》から数千騎《すうせんき》をひきいて上京《じょうきょう》する。公卿《くぎょう》らを解任《かいにん》し、後白河法皇《ごしらかわほうおう》を鳥羽殿《とばどの》に幽閉《ゆうへい》する。

一一八〇（治承《じしょう》四）年

63 福原《ふくはら》に遷都《せんと》。三歳《さい》の安徳天皇《あんとくてんのう》が即位《そくい》し、清盛《きよもり》が政治《せいじ》の実権《じっけん》をにぎる。以仁王《もちひとおう》が平氏《へいし》追討《ついとう》の令旨《りょうじ》を発《ほっ》す。源頼朝《みなもとのよりとも》が伊豆《いず》で挙兵《きょへい》し、源義仲《みなもとのよしなか》は木曽《きそ》で挙兵《きょへい》する。

一一八一（治承《じしょう》五）年

64 平氏《へいし》劣勢《れっせい》のなかで、清盛《きよもり》は病気《びょうき》のために死《し》す。

一一八三（寿永《じゅえい》二）年

平氏《へいし》は都落《みやこお》ちして西国《さいごく》に落《お》ちる。

一一八四（元暦元《げんりゃくがん》）年

平氏軍《へいしぐん》は一《いち》の谷《たに》の戦《たたか》いで源義経《みなもとのよしつね》に敗《やぶ》れる。

一一八五（文治元《ぶんちがん》）年

平氏《へいし》は壇ノ浦《だんのうら》の戦《たたか》いで全滅《ぜんめつ》する。安徳天皇《あんとくてんのう》は入水《じゅすい》する。

あとがき

「平家物語《へいけものがたり》」に書《か》かれた平清盛《たいらのきよもり》

国松俊英《くにまつとしひで》

平清盛《たいらのきよもり》のことなら、やはり『平家物語《へいけものがたり》』について話《はな》しておきたいと思《おも》います。『平家物語《へいけものがたり》』は、平清盛《たいらのきよもり》を中心《ちゅうしん》として、平家一門《へいけいちもん》の栄華《えいが》と滅亡《めつぼう》のすがたをとても鮮《あざ》やかに、そして深《ふか》く描《えが》いた物語《ものがたり》です。原本《げんぽん》は十三世紀《せいき》に成立《せいりつ》したといわれています。

祇園精舎《ぎおんしょうじゃ》の鐘《かね》の声《こえ》、諸行無常《しょぎょうむじょう》のひびきあり。
娑羅双樹《さらそうじゅ》の花《はな》の色《いろ》、盛者必衰《じょうしゃひっすい》のことわりをあらわす。
おごれる人《ひと》も久《ひさ》しからず、ただ春《はる》の夜《よ》の夢《ゆめ》のごとし。
たけき者《もの》もつひには滅《ほろ》びぬ、ひとえに風《かぜ》の前《まえ》の塵《ちり》に同《おな》じ。

書《か》きだしのこの文章《ぶんしょう》は、現代《げんだい》の人《ひと》にも、広《ひろ》く知《し》られているものです。この本《ほん》は、平安時代《へいあんじだい》の『源氏物語《げんじものがたり》』や江戸時代《えどじだい》の井原西鶴《いはらさいかく》の小説《しょうせつ》などと、散文《さんぶん》で書《か》かれた日《に》本《ほん》の古典《こてん》を代表《だいひょう》する作品《さくひん》です。流《なが》れるような美《うつく》しい文章《ぶんしょう》のなかに、深《ふか》い無常《むじょう》の感《かん》覚《かく》が流《なが》れています。無常《むじょう》の考《かんが》えとは、地上《ちじょう》に永遠《えいえん》なものはひとつもない、形《かたち》があるものは必《かなら》ずこわれてなくなってしまい、人《ひと》は必《かなら》ず死《し》んでしまう、というものです。『平家物語《へいけものがたり》』のよさのひとつは、この無常《むじょう》の考《かんが》えが物語《ものがたり》から強《つよ》く伝《つた》わってくることにあります。

作者《さくしゃ》についてはいくつか説《せつ》がありますが、信濃前司行長《しなののぜんじゆきなが》だったという説《せつ》がいちばん有力《ゆうりょく》です。前司《ぜんじ》とは国司《こくし》を経験《けいけん》した人《ひと》のことで、元信濃守《もとしなののかみ》のことです。漢詩《かんし》文《ぶん》の達者《たっしゃ》であった行長《ゆきなが》ですが、朝廷《ちょうてい》の論議《ろんぎ》の番《ばん》に召《め》されたときに大失敗《だいしっぱい》をしました。そのことを思《おも》い悩《なや》んで出家《しゅっけ》をします。行長《ゆきなが》の才能《さいのう》を評価《ひょうか》していた天台座主《てんだいざす》の慈円《じえん》が召《め》しかかえてくれ、そこで『平家物語《へいけものがたり》』が生《う》まれたのでした。

行長《ゆきなが》は、盲目《もうもく》の琵琶法師《びわほうし》・生仏《しょうぶつ》にこの物語《ものがたり》を教《おし》えて語《かた》らせました。それが始《はじ》まりだといわれています。壇ノ浦《だんのうら》で平家《へいけ》が滅《ほろ》びてから三十年《ねん》ほどのちのことでした。

こうしてできた『平家物語《へいけものがたり》』は、相当早《そうとうはや》くから節《ふし》づけされ、語《かた》られていたと思《おも》われます。年月《ねんげつ》がたつあいだに、しだいに磨《みが》きあげられ、語《かた》り物《もの》として完成《かんせい》したものになっていきました。

琵琶法師《びわほうし》が語《かた》る『平家物語《へいけものがたり》』は、鎌倉時代《かまくらじだい》のおわりになって大《おお》きく成熟《せいじゅく》します。

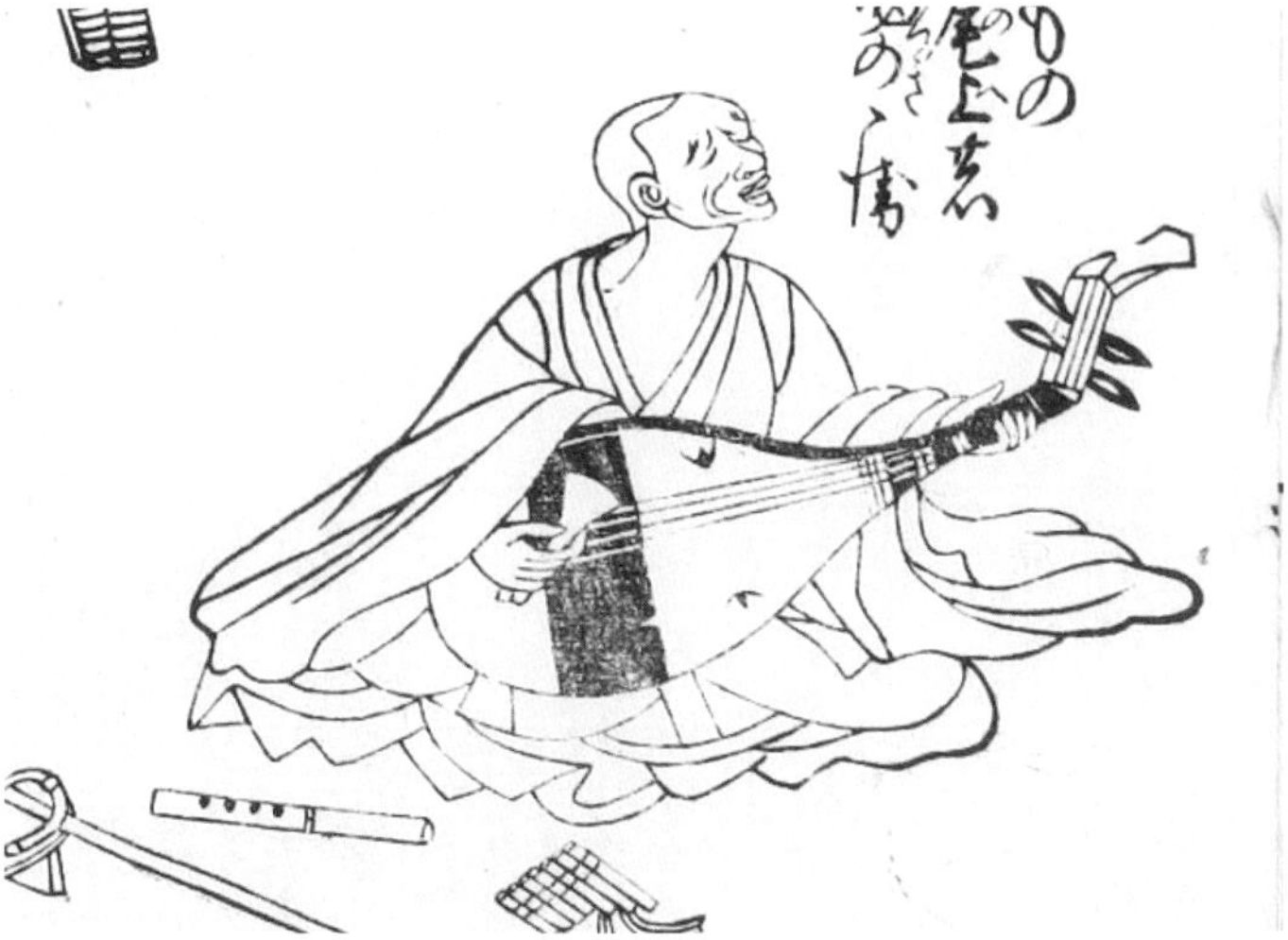

琵琶《びわ》を抱《かか》えて弾《ひ》き語《かた》る琵琶法師《びわほうし》

(『七十一番職人歌合《しちじゅういちばんしょくにんうたあわせ》』より／早稲田大学図書館所蔵《わせだだいがくとしょかんしょぞう》)

たくさんの名手《めいしゅ》が生《う》まれるのです。足利義政《あしかがよしまさ》が将軍《しょうぐん》だった東山時代《ひがしやまじだい》、十五世紀後半《せいきこうはん》に全盛期《ぜんせいき》となりました。そのころ、京《きょう》の町《まち》なかには『平家物語《へいけものがたり》』を語《かた》る琵琶法師《びわほうし》は、五百人以上《にんいじょう》もいたといわれています。

　私《わたし》たちは『平家物語《へいけものがたり》』というと、活字《かつじ》で読《よ》むものと考《かんが》えます。けれど、もともとこの物語《ものがたり》は、琵琶法師《びわほうし》という盲目《もうもく》の芸能者《げいのうしゃ》によって語《かた》られるものだったのです。琵琶《びわ》という楽器《がっき》の演奏《えんそう》とともに語《かた》られ、耳《みみ》から聞《き》く文芸《ぶんげい》でした。

　平安時代《へいあんじだい》のおわり、一一〇〇年代《ねんだい》のなかばのこと。日本《にほん》は歴史《れきし》の大《おお》きな曲《ま》がり角《かど》に立《た》っていました。それ

平治《へいじ》の乱《らん》で東三条殿《ひがしさんじょうどの》に攻《せ》め入《い》った騎馬武者《きばむしゃ》
（『平治物語絵巻《へいじものがたりえまき》』三条殿焼討巻《さんじょうどのやきうちのまき》より／国立国会図書館所蔵《こくりつこっかいとしょかんしょぞう》）

まで政治《せいじ》を主導《しゅどう》してきた貴族《きぞく》に代《か》わって、武士《ぶし》の平氏一門《へいしいちもん》が表舞台《おもてぶたい》におどりでたのです。平清盛《たいらのきよもり》を指導者《しどうしゃ》にして、どんどん勢力《せいりょく》をのばしていきました。そして平氏《へいし》は、日本《にほん》の半《はん》分《ぶん》を支配下《しはいか》におくまでになりました。

『平家物語《へいけものがたり》』は、一一三二（天承《てんじょう》二）年《ねん》に、清盛《きよもり》の父忠盛《ちちただもり》が鳥羽上皇《とばじょうこう》から内《うち》の昇殿《しょうでん》を許《ゆる》される章《しょう》からはじまります。そして、平維盛《たいらのこれもり》の子《こ》、六《ろく》代御前《だいごぜん》が一一九九（建久《けんきゅう》十）年《ねん》に逗《ず》子《し》（神奈川県《かながわけん》）の田越川《たごえがわ》のほとりで処刑《しょけい》をされ、平家《へいけ》の血統《けっとう》が絶《た》えるところでおわります。その間《かん》の約《やく》七十年《ねん》、平家《へいけ》が栄華《えいが》をきわめるところ、そして源氏《げんじ》に追《お》いつめられて滅《ほろ》びて

平治《へいじ》の乱《らん》で行動《こうどう》をともにする貴族《きぞく》と武士《ぶし》
(『平治物語絵巻《へいじものがたりえまき》』信西巻《しんぜいのまき》より/国立国会図書館所蔵《こくりつこっかいとしょかんしょぞう》)

いくようすが、十二巻《かん》にあますところなく書《か》かれています。

　前半部分《ぜんはんぶぶん》の一〜六巻《かん》は、平家一門《へいけいちもん》の興隆《こうりゅう》と栄華《えいが》、それをよく思《おも》わない反平家《はんへいけ》の人《ひと》たちのはかりごとや動《うご》きが書《か》かれています。忠盛《ただもり》の努力《どりょく》によって宮廷社会《きゅうていしゃかい》に足《あし》がかりを築《きず》いた平氏《へいし》は、その後《ご》清盛《きよもり》のはたらきによって大《おお》きく飛躍《ひやく》します。

　太政大臣《だいじょうだいじん》になった清盛《きよもり》は、権力《けんりょく》をほしいままにして、悪行《あくぎょう》のかぎりをつくすようになるのです。しかし平《へい》氏《し》のふるまいは、貴族《きぞく》だけでなく民《みん》衆《しゅう》の反発《はんぱつ》もまねくことになります。平氏《へいし》への反感《はんかん》の気持《きも》ちは、しだいに平氏《へいし》を打倒《だとう》しようというエネルギーとなって高《たか》まっていきます。そして以仁王《もちひとおう》の令旨《りょうじ》は源氏《げんじ》の決起《けっき》をうながし、源頼《みなもとのより》朝《とも》、義仲《よしなか》の挙兵《きょへい》となるのです。そうしたなかで、清盛《きよもり》は死《し》んでいくのでした。

『平家物語《へいけものがたり》』のなかで、平清盛《たいらのきよもり》は「大悪人《だいあくにん》」として描《えが》かれています。物語《ものがたり》の初《はじ》めの部分《ぶぶん》を読《よ》むと、栄《さか》えている者《もの》は必《かなら》ずおとろえ、おごっている人《ひと》は長《なが》くない、いつかは滅《ほろ》びてしまうと書《か》いています。悪《あく》は必《かなら》ず滅《ほろ》びる、という意味《いみ》の表現《ひょうげん》が何度《なんど》も出《で》てきます。そのあと、中国《ちゅうごく》の歴史《れきし》のなかの大悪人《だいあくにん》の名《な》がならべられ、それから平将門《たいらのまさかど》、藤原純友《ふじわらのすみとも》、源義親《みなもとのよしちか》、藤原信頼《ふじわらののぶより》といった日本歴史《にほんれきし》での悪人《あくにん》、反逆者《はんぎゃくしゃ》とされている人《ひと》たちの名《な》が書《か》かれます。そして最後《さいご》に、

「ごく最近《さいきん》では、六波羅《ろくはら》の入道《にゅうどう》、前太政大臣《さきのだいじょうだいじん》の平朝臣清盛公《たいらのあそんきよもりこう》と申《もう》す人《ひと》がおられた。この人《ひと》もおごり高《たか》ぶって、とても横暴《おうぼう》であったということを聞《き》いた。清盛公《きよもりこう》は、言葉《ことば》では言《い》い表《あらわ》せないほどの大悪人《だいあくにん》である」

という文《ぶん》がきます。それから平家一門《へいけいちもん》の物語《ものがたり》が語《かた》られていくのです。

そして最終章《さいしゅうしょう》として書《か》かれた「平家断絶《へいけだんぜつ》」において、平家《へいけ》が滅《ほろ》びていったのは「平清盛《たいらのきよもり》が朝廷《ちょうてい》を恐《おそ》れず、人《ひと》びとをかえりみることなく、思《おも》うままに人《ひと》を死罪《しざい》にしたり、流罪《るざい》にしたりして、世《よ》も人《ひと》もはばからぬふるまいをした罰《ばつ》にちがいな

1350年《ねん》ころに描《えが》かれた平清盛《たいらのきよもり》の肖像《しょうぞう》

（『天子摂関御影《てんしせっかんみえい》』より／宮内庁《くないちょう》三《さん》の丸尚蔵館所蔵《まるしょうぞうかんしょぞう》）

い」ときっぱりいっています。この物語《ものがたり》では初《はじ》めからおわりまで、ずっと清盛《きよもり》を悪人《あくにん》に仕立《した》てようとしているように思《おも》えます。

清盛《きよもり》は、『平家物語《へいけものがたり》』に書《か》かれているような大悪人《だいあくにん》だったのでしょうか。

たしかに、戦《いくさ》がおわったあとでは敗《やぶ》れた人間《にんげん》を多《おお》く死刑《しけい》に処《しょ》したり、流罪《るざい》にしたりしています。後白河法《ごしらかわほう》皇《おう》のやり方《かた》に怒《おこ》って、法皇《ほうおう》を鳥羽殿《とばどの》へ幽閉《ゆうへい》したこともあります。福原《ふくはら》に遷都《せんと》しましたが失敗《しっぱい》におわりました。また、興福寺《こうふくじ》の僧兵《そうへい》をこらしめるために南都《なんと》を攻《せ》め、興福寺《こうふくじ》、東大寺《とうだいじ》を焼《や》いてしまったこともありました。

こうしたおこないの数々《かずかず》を神《かみ》をも恐《おそ》れぬひどい悪行《あくぎょう》だとし、清盛《きよもり》は大悪人《だいあくにん》だといっているのです。

しかしのちの時代《じだい》の武士《ぶし》と比《くら》べても、清盛《きよもり》がそんなに大悪人《だいあくにん》であったとは思《おも》えません。清盛《きよもり》の時代《じだい》は、武士《ぶし》たちが少《すこ》しずつ力《ちから》をつけてきて、政治的《せいじてき》にも朝廷《ちょうてい》や貴族《きぞく》たちをおびやかす存在《そんざい》になっていました。天皇《てんのう》や貴族《きぞく》たちは、源氏《げんじ》と平氏《へいし》をうまく操《あやつ》って政治権力《せいじけんりょく》を守《まも》ろうとしました。そうした朝廷《ちょうてい》や貴族《きぞく》たちのなかに、武力《ぶりょく》をもって食《く》いこんでいったのが清盛《きよもり》でした。

朝廷《ちょうてい》や貴族《きぞく》たちの中《なか》には、長《なが》い年月《ねんげつ》をかけてかち取《と》った地位《ちい》を、平氏《へいし》によっておびやかされ、うばわれた人《ひと》が多《おお》くいました。彼《かれ》らのうらみは、とても大《おお》きなものでした。そうした人《ひと》たちの反感《はんかん》と憎悪《ぞうお》の心《こころ》が、清盛《きよもり》を大悪人《だいあくにん》に仕立《した》てていったのだと考《かんが》えられます。

もうひとつ考《かんが》えられるのは、『平家物語《へいけものがたり》』がつくられた時期《じき》です。つくられたのは、源氏《げんじ》の将軍《しょうぐん》が第《だい》二代の頼家《よりいえ》から第《だい》三代の将軍《しょうぐん》・実朝《さねとも》になったころです。平《へい》氏《し》に代《か》わって源氏《げんじ》が政治《せいじ》をおこなっていた時代《じだい》なのです。清盛《きよもり》を大悪人《だいあくにん》に仕立《した》てたのは、源氏《げんじ》への心《こころ》づかいや配慮《はいりょ》がかなりあったにちがいないと思《おも》われます。

〈参考資料〉

『平清盛　福原の夢』髙橋昌明（講談社選書メチエ）
『平　清盛』五味文彦（吉川弘文館）
『新編　日本古典文学全集　45・46巻　平家物語』市古貞次（小学館）
『平家物語』上・下　吉村昭（講談社　少年少女古典文学館）
『平家物語』全四巻　森村誠一（小学館）
新・平家物語』全十六巻　吉川英治（講談社吉川英治歴史時代文庫）
『大系　日本の歴史4』棚橋光男（小学館）
『大系　日本の歴史5』五味文彦（小学館）
『日本の歴史・5　平安時代中期・後期』古川清行（小峰書店）
『日本の歴史・6　源平の戦いと鎌倉幕府』古川清行（小峰書店）
『日本の歴史・7　武者の世に』入間田宣夫（集英社）
『平　清盛』加藤秀（さ・え・ら書房）
『見果てぬ夢─平安京を生きた巨人たち』ＪＲ東海生涯学習財団・編（ウェッジ）
『源頼朝　その生涯と時代』安田元久・編（新人物往来社）
『源義経と源平の合戦』鈴木亨（河出書房新社）
『日本の合戦・１　源平の盛衰』桑田忠親・編（新人物往来社）

その他

国松俊英（くにまつ　としひで）　　著者

東京都在住。日本児童文学者協会、日本児童文芸家協会会員。児童小説のほか、野鳥や自然、人物を取材したノンフィクションを書いている。『いまよみがえる縄文の都　巨大集落・三内丸山遺跡』（佼成出版社）『スズメの大研究』（PHP 研究所）で産経児童出版文化賞推薦賞、『トキよ未来へはばたけ』（くもん出版）で第 7 回福田清人賞受賞。2019 年には、これまでの活動と研究書『ノンフィクション児童文学の力』（文溪堂）が評価され、第 2 回児童文芸ノンフィクション文学賞特別賞受賞。他の著書に『宮沢賢治の鳥』『手塚治虫　マンガで世界をむすぶ』（以上、岩崎書店）『星野道夫　アラスカのいのちを撮りつづけて』（PHP 研究所）など多数。

十々夜（ととや）　　画家

京都府在住。代表作に、「アンティーク FUGA」シリーズ（岩崎書店）、『妖怪道中膝栗毛』シリーズ（あかね書房）、近作に「波乱に満ちておもしろい！　ストーリーで楽しむ伝記」シリーズ内『豊田佐吉』『織田信長』（岩崎書店）、「シニカル探偵 安土真」シリーズ（国土社）、『読解力と語彙力を鍛える！なぞ解きストーリードリル　日本の歴史人物』（ナツメ社）、『食虫植物ジャングル』『生き抜け！　遭難の五日間』（文研出版）など多数。

巻頭・イラスト監修：矢部健太郎（國學院大學文学部史学科教授）
デザイン：bookwall

※この書籍はフォア文庫で発刊された『平清盛　新しい武士の世をひらく』（岩崎書店）を改稿し、編集しなおしたものです。

〈歴史をひらく人物伝〉

平清盛　あたらしい武士の世をひらく

2025年 4 月30日　第 1 刷発行

著　者　国松俊英
画　家　十々夜

ISBN978-4-580-82686-1
NDC913　四六判　160P　19cm

発行者　佐藤諭史
発行所　文研出版
〒113-0023　東京都文京区向丘 2 丁目 3 番 10 号　児童書お問い合わせ（03）3814-5187
〒543-0052　大阪市天王寺区大道 4 丁目 3 番 25 号　代表（06）6779-1531
https://www.shinko-keirin.co.jp/
印刷所／製本所　株式会社太洋社